I0147145

El hombre que vino de las olas

Jorge Edo

1ª edición: Marzo 2014
ISBN: 978-84-942117-3-7
DL: B-7025-2014

Revisión del texto: OmniaBooks

www.omniabooks.com

Índice

Dedicatoria

Dedicado a la memoria de mis amigos

Raquel Pí de la Serra y Rogelio Ruiz García

Prólogo

Una tarde del verano de 2013, recibí una llamada de Jorge Edo, en la que me pedía que escribiera el prólogo de su nuevo libro, reconozco que la idea me gustó pero a la vez me generó dudas, debía hablar del autor o bien de la obra que acababa de finalizar, lo primero que hice fue leer el libro, lo hice en poco tiempo ya que me resultó fácil e interesante. Una vez finalizado me pregunté que tienen que ver una pequeña localidad en el corazón del Montseny donde reside el autor con Skagen localidad danesa en el Mar del Norte donde transcurre la historia, en principio nada, pero Jorge ha sabido enlazarlas a través de la soledad, la del personaje principal de la novela, el romanticismo y la melancolía que transmite un Mar como el que nos narra en la novela, también lo encontramos en medio de una montaña como el Montseny.

Esta historia ha sido soñada en algún café de Palautordera, paseando por El Pla de la Calma o incluso en una tarde de pesca con su padre en Arenys de Mar, seguramente en momentos de soledad del autor, pero la historia se aleja de su mundo y nos transporta al Mar del

Norte. En realidad da igual dónde y cómo se concibió la historia, lo importante es el resultado, en este caso es el tercer libro del autor qué tras "El enigma de Paul" y "Breves relatos de mi mundo extraño", nos propone "El hombre que vino de las olas", una historia de aventuras e intriga, pero sobretodo de amor, el que siente la protagonista por su patria y el que despierta en la princesa el extranjero que llegó del mar.

En momentos como los actuales en los que el egoísmo, la ambición y la falta de solidaridad de los más poderosos no tiene límites, sorprende ver como el amor de una joven y valiente princesa por su pueblo cambia el destino de todo un reino, enfrentándose a los más poderosos del reino, para ello encontrará la ayuda de un extranjero que por amor hacia la princesa se jugará su vida.

Ahora les recomiendo que respiren hondo, abran el libro y empiecen a soñar.

Jose Javier Leiva

Capítulo 1

El sol despertó con un día esperanzador sobre las tierras de Dinamarca. Era una fría mañana de invierno en Skagen. Como de costumbre, acudí a caminar por la orilla de aquella playa salvaje e inhóspita del mar del Norte que desde mi niñez visitaba diariamente. Allí podía sentir perfectamente las lágrimas que el viento le robaba al inmenso océano sin darse cuenta y que él mismo se ofrecía a entregarme frenéticamente ante aquel tan cotidiano ritual hipnótico de la naturaleza.

Siempre se repetía la misma escena ante mis ojos. Delante de aquellas frías y solitarias olas, que parecían susurrar mi nombre a través del viento nórdico. En soledad contemplaba como ellas disputaban esa eterna batalla desde la noche de los tiempos con el salvaje e indomable corazón del viento del norte de Europa.

Acostumbraba a girar mi vista hacia atrás, mientras caminaba descalza por la prolongada orilla, para observar mis profundas huellas hundidas en aquel camino de pensamientos que cada mañana trazaba en la oscura arena. Sentía como si fueran los días que transcurrían en mi solitaria vida de palacio. Como de costumbre, a pocos metros de mí, estaba la escolta real que mi padre me obligaba a llevar cada mañana para velar por mi seguridad.

Eran siete soldados de la guardia que no dejaban que aquel silencio matinal tan necesario para mí estableciera contacto con mi soledad. Me tuve que acostumbrar a ello, aunque lamentablemente, su presencia allí vigilándome, profanaba cada uno de los mágicos momentos que aquel Mar del Norte me ofrecía desde que era niña.

Me pasaba horas contemplando el mar, hablando con él y viendo el futuro de mi país dibujado entre las nubes que se divisaban a lo lejos. Siempre imaginaba mi mundo lejos de allí, soñaba con viajar a otros continentes, dejaba escapar mi mente a través del horizonte, para perderla lejos del castillo en el que vivía y en el cual mi vida parecía estar predestinada desde que Odín me trajo a la Tierra.

Aquella mañana me crucé en la orilla de la playa con algunos lugareños muy humildes que como casi siempre solían pararse para saludarme cordialmente. Me hicieron reverencias y desearon con amables palabras lo mejor para mi padre el rey y para nuestra patria. Esas cotidianas situaciones hacían que me sintiera mal conmigo misma, nunca me acostumbraba a ello. Me identificaba con las gentes humildes de mi país, mis mejores amigas en la infancia siempre habían sido de familias modestas y muy pobres, no siempre podía tener acceso a ellas, porque a medida que me iba haciendo mayor, las reglas se volvían más estrictas para mí, nadie nunca me preguntó si quería ser princesa.

El viento frío azotaba cada vez más mi frágil cuerpo, como queriéndome embaucar en una danza de la cual me sentía la anfitriona. Me impregnaba con su intenso olor a mar en cada poro de mi blanca piel. Sentía como si todo ello fuera un regalo cortesía del Dios Neptuno ante mi visita diaria allí desde hacía tanto tiempo. Era una sensación que me gustaba, me hacía sentir parte de aquel escenario, de la tierra…de la libertad.

Paré unos instantes para sentarme en la arena tras el largo recorrido por la orilla para contemplar el mar. Mi escolta de soldados se paró también a cierta distancia respetando mi intimidad, sin dejar de prestarme protección. Llamé para que se acercara hasta a mí Dagmar, uno de los pocos soldados con los que tenía una buena amistad. Siempre hablamos de nuestras vidas. Yo era la que preguntaba siempre, él por respeto a mi persona nunca preguntaba nada a no ser que yo se lo pidiera, aunque sé que interiormente me habría preguntado miles de cosas durante aquellos paseos matinales.

Me hablaba siempre de su mujer, de sus dos hijos, de cómo veía la situación de nuestro país. Muchas veces solía hacerme reír explicándome historias y anécdotas que pasaban entre soldados, hasta incluso llegó a confesarme que muchos de ellos sentían admiración por mí, decían que era diferente, cercana, misteriosa, que no les hacía sentirse personas vulgares solo preparadas para defender y matar. Decía que hasta incluso algunos habrían dado su vida por mi amistad, cosa que me daba pánico escuchar de Dagmar, porque yo me sentía como cualquiera de ellos, como cualquiera de las mujeres que vivíamos en palacio. Recuerdo una vez, no hace mucho tiempo, en uno de aquellos paseos matinales, tras una larga conversación con Dagmar frente al mar, después de uno de los silencios, me formuló una pregunta que parecía no poder retener de su interior.

- ¿Princesa Hanne usted se siente sola? - dijo Dagmar mostrándome su preocupación.

Estaba arrodillado en la arena a pocos metros de mí con el trasfondo del ruido del mar en un día muy gris de aquel duro invierno.

- Querido Dagmar veo que por fin tus preguntas se saltan el protocolo ante mí, la respuesta es que aquí, en este lugar, nunca me he sentido sola, jamás me sentiría sola aquí. El mar me habla, me observa, lo entiendo y él a mí, pero te he de confesar que la vida en palacio no es la que cualquier mujer desearía, aunque parezca lo contrario. - dije sin apartar la mirada del mar y acariciando la arena que tenía entre mis manos.

Desde ese día Dagmar nunca más me preguntó nada sin que yo le diera pie a ello, creo que él entendió perfectamente mi respuesta.

Tras varias horas decidí volver a palacio pero antes quería recoger piedras de las orillas del mar. Me gustaba coger piedras que el mar atesoraba en sus brazos. Hasta incluso a veces mis escoltas me ayudaban en la búsqueda de ellas, podíamos estar horas intentando encontrar las más extraña y especial.

Vivo en Skagen en la parte norte de Dinamarca en un gran palacio amurallado donde se divisa desde lo más alto del mismo como se estrechan las manos el mar Báltico con el del Norte. Es una zona de Dinamarca tranquila y muy poco poblada, prácticamente sin apenas gente en sus alrededores, donde el único modo de subsistencia es la pesca. Cerca de aquí está el cabo de Grenen; allí han naufragado y varado muchísimos barcos por las difíciles condiciones del mar. Es un extraño lugar donde coinciden el mar Báltico, el mar del Norte y el estrecho de Grennen. Muchas leyendas corren entorno a esas aguas donde han desaparecido muchos marineros y barcos de países cercanos. Dinamarca, en la actualidad, se encuentra inmersa en la víspera de una guerra contra las tropas británicas, nuestros únicos aliados son los noruegos y las últimas noticias que tenemos hablan de que las tropas británicas están preparando una gran ofensiva por mar con una grandiosa flota de barcos en la bahía de Copenhague.

Siento preocupación por ello y porque mi padre, el Rey Erik III, en estos momentos esta instalado en Copenhague junto con todo el séquito de altos mandos militares valorando la situación en la que se encuentra el país y reforzando estratégicamente las posiciones para que no sea invadido nuestro territorio por los británicos. Allí también se encuentra el capitán Argus, mi querido hermano. Está llevando el mando de un bergantín llamado San Andrea que está anclado en la bahía de Copenhague esperando órdenes del mando militar junto con otras embarcaciones militares danesas. El ambiente es tenso en palacio y en todo el país en general, solo se habla de lo mismo. El pánico y la incertidumbre es algo que hierve en los corazones de las gentes de cada rincón de nuestra patria por una posible invasión británica o del mismísimo Napoleón. Mi madre la Reina Astrid II se halla desde hace mucho tiempo en cama con la enfermedad incurable de la tisis, sus problemas respiratorios la debilitan cada vez más y suele tener recaídas importantes, aunque su espíritu de descendencia vikinga la hace una luchadora temible ante su enfermedad.

El palacio donde me encuentro se llama Ejnar, pertenece a la época del renacimiento pues fue construido en 1605 y nunca fue invadido ni conquistado en antiguas y crudas guerras con Suecia. En la actualidad está amurallado en su totalidad por piedra de cantería y lo rodea un profundo foso lleno de maleza y trampas por posibles invasiones enemigas. Tiene una gran puerta central levadiza de madera con cuatro torres a cada costado velando así por la seguridad del palacio. Las murallas que lo acordonan están vigiladas por soldados de la guardia real las veinticuatro horas del día cubriendo los cuatro puntos cardinales. En el interior del palacio en sus alrededores viven muchos aldeanos en pequeñas casas. La mayoría son mercaderes, pescadores, herreros, artesanos, mujeres que bordan ropa, panaderos, etc. Allí en su totalidad convivimos unas doscientas cincuenta personas contando el personal de la guardia real y soldados. En otras épocas habíamos sido mucha más gente pero en aquellos tiempos difíciles muchos soldados habían tenido que partir para proteger distintos lugares del país incluido mi hermano, el capitán Argus, al que se echó muchísimo en falta.

Argus era el fiel ejemplo de mi padre. Desde muy pequeño se le educó para sustituir a mi padre en el trono, una vez que él muera. Era un niño rebelde, mal estudiante, pero con un gran corazón de guerrero. A la edad temprana de los dieciséis años mi padre se lo llevó a combatir junto con él en plena alta mar a raíz de un pequeño percance diplomático que sufrió Dinamarca con Suecia en el mar Báltico. Ello originó diversas batallas en alta mar. Cuando volvieron de aquella campaña mi hermano Argus ya no parecía un niño. Era como un pequeño adulto después de lo vivido en la mar viendo tan de cerca la cara más oscura de la muerte. Mi relación con él es muy respetuosa, aunque tenemos diferentes puntos de vista en referencia al funcionamiento de las normativas y ordenanzas de nuestro país, siempre fuimos muy diferentes. Su mujer la princesa Letmar murió hace varios años durante un traumático parto en el que murieron ella y su bebé. Desgraciadamente no se pudo hacer nada por evitar sus muertes. Una hemorragia interna inesperada se llevó la vida de los dos. Mi hermano desde entonces se volvió más intransigente consigo mismo y su carácter rebelde se endureció aun más con el paso de los años. Ello originó que volcara su vida totalmente a la doctrina militar, ascendiendo al rango de capitán de navío de forma vertiginosa. Él mismo fue quien puso su ofrecimiento sobre la mesa para defender a la nación con su bergantín, el San Andrea, con toda su tripulación en la difícil misión de la bahía de Copenhague.

Terminaba el día plácidamente en Skagen cuando me encontraba en mi aposento observando por el gran ventanal como el crepúsculo del atardecer escondía en su manto la mirada atenta y tímida de aquel sol nórdico que se desvanecía a lo lejos como si me alertara acerca del futuro que le esperaba a Dinamarca. Parecía que quería sumergirse entre aquellos dos mares que tenía ante mí sin esperanzas de querer volver a salir, pero irremediablemente al día siguiente lo volvía a ver allí con esa misma expresión. En ese mismo momento escuché como llamaban a mi puerta, haciendo presencia ante mí la sirvienta de mi madre la reina.

- Mi princesa, la reclama su alteza la reina en su aposento. - dijo la sirvienta asomando su cabeza por la puerta.

- Gracias, ahora mismo voy. - dije mientras cerraba el diario en el que escribía diariamente y que ocultaba detrás de un armario.

Salí por el pasillo central cruzándome con personal de palacio al que saludaba cortésmente. A mi paso en aquellos largos pasillos algunas sirvientas fregaban las baldosas de los suelos arrodilladas una junta la otra, bromeaban entre ellas sobre los jóvenes soldados apuestos, utilizaban unos paños mojados impregnados en un aceite especial para que aquellas baldosas relucieran pulcramente a la mañana. A pocos metros me hallaba ya delante de la puerta de la habitación de mi madre. Cogí fuerzas, me era muy difícil verla en aquel estado cada vez más débil y cercano a la muerte. Abrí la puerta sigilosamente, sin hacer ruido. Ella estaba en la cama, su mirada puso atención a mi entrada regalándome como siempre su sonrisa. Era una mujer de pocas palabras pero cuando hablaba movía todos los cimientos de Dinamarca y de mi corazón.

- ¿Madre cómo estáis? - dije ocultando mi tristeza y sentándome al borde de la cama. Ella instantáneamente me cogió la mano que tenía apoyada a su costado, pude sentir la calentura de su fiebre mezclándose con mi fría piel. La miré y percibí como aquellos ojos vidriosos fijamente buscaban mi mirada.

- Quería hablar un rato contigo Hanne. Hemos sido madre e hija pero nunca hemos sido amigas. Yo te eduqué para ser una princesa pero muchas veces me olvidaba que eras algo más importante que ello, eras mi hija y de ello me estoy dando cuenta ahora.

Le esbocé una sonrisa y me incliné hacia su frente para darle un gran beso. - Madre, no debéis pensar en eso ahora, lo que importa sois vos. - dije estrechando ahora mis dos manos en la suya.

- ¿Hanne eres feliz? - dijo seria y muy directamente como si algo le preocupara en el corazón.

- ¿A que se refiere madre? - dije con sorpresa.

- A Tu vida. Tienes 31 años. ¿Eres realmente feliz aquí en Skagen? - dijo sin variar el rictus de preocupación en su rostro enfermo y débil.

Había sido la princesa más bella de Europa en su juventud pero aquella enfermedad solo dejaba cruelmente un esbozo de la belleza que poseía, aunque la verdadera belleza que tenía mi madre siempre estuvo en su corazón.

- Madre no quiero hablar de ello ahora, es mejor que descanse. - dije sin querer hablar del tema

- Hanne, dime la verdad.... - dijo estrechándome fuertemente las manos, sintiendo aún más aquel calor febril que desprendía y apreciando que su nerviosismo dificultaba su acelerada y enferma respiración.

- ¿Por qué me preguntáis eso ahora madre? - dije acercando mi rostro al suyo.

- Porque lo veo en tus ojos hija y porque creo que tu único gran amor en estos 31 años en este lugar ha sido la mar. - dijo con la respiración dificultosa.

- Quizá sí madre, es cierto, siempre fui una hija difícil. Pero nunca os dejaré a vos ni al rey, estaré con vosotros hasta que no me necesitéis.

- ¡Vete a conocer Europa, vive otra vida! - dijo dejando caer unas cristalinas lágrimas en sus preciosos ojos marrones.

- Madre no puedo dejarla aquí e irme del palacio de Ejnar, el país está a las puertas de una posible guerra, todo se irá arreglando verá.

- Hija, tu madre es reina pero nunca ha salido de este pequeño país llamado Dinamarca, al igual que tú, también tuve sueños y nunca los pude realizar. La vida de reina me entregó una forma de vivir muy intensa y tranquila pero con el tiempo me di cuenta que esa vida robó mis sueños y gran parte de mi juventud. ¿Me entiendes Hanne?

Me la quedé mirando sin articular palabra, parecía como si estuviera delante de mí misma por unos momentos. La abracé con fuerza y le susurré a sus oídos:

- Duerme, descansa estoy muy orgullosa de ser tu hija, mi querida Reina Astrid, descansa.

El cansancio hizo que mi madre cerrara los ojos cayendo en un profundo sueño. El sonido de su dificultosa respiración me iba desmenuzando el corazón en pedazos como el verdugo que ejecuta a su víctima de un hachazo sin piedad. Aquella noche no paraba de hacerme preguntas a mí misma en referencia a las preguntas de mi madre. Nunca me había imaginado que ella apreciara esa ráfaga de infelicidad en mí. Ella sabía que ese tipo de vida no me gustaba, yo prefería estar con la gente de la aldea y los lugareños de Skagen que con las personalidades importantes del lugar y de la nobleza. De muy pequeña me escondía en las tiendas de palacio pasándome horas jugueteando con las mujeres que cosían las telas de las barcas y cuando la guardia venía a buscarme para volver con mis cuidadoras, salía corriendo llevando tras de mí los soldados de la guardia, para siempre terminar escondida entre las faldas de las costureras ancianas; ellas me trataban como a una nieta. Conocía a todos los niños de la aldea que vivían debajo de palacio. Allí conocí a Dagmar, era hijo de comerciantes.

Tuve una libertad que a otros niños de la nobleza nunca se les habría sido otorgada. Por ello pude tener una infancia normal como la de cualquier niño de Skagen. Aunque a medida que me iba haciendo mayor esas libertades se me iban negando de forma progresiva porque me estaba convirtiendo en una princesa adulta y no estaba bien visto que me mezclara con las gentes del pueblo. Mi hermano Argus nunca salía de palacio, no salía de las faldas de mi madre ni de las de sus criadoras. Era el niño mimado del Rey. Recuerdo que apenas jugábamos juntos. Una vez se perdió en palacio causando la alarma de todo el personal de la guardia. Lo encontré yo en las caballerizas jugando con el caballo de nuestro padre. Estuvo tres semanas encerrado en su aposento sin salir. Lo pasó francamente mal, lloró muchísimo. Solo era un niño y no le dejaban serlo.

La noche despertó desplegando sus alas, eclipsando de total oscuridad los cielos de Dinamarca. La luz de las velas de mi aposento era suficiente para poder escribir en mi diario lo acontecido aquel día con mi madre. Escribí bastante aquella noche, lo suficiente como para llamar la atención de Morfeo que acabó instalándose en mis ya cansados párpados que se cerraban con facilidad.

Al día siguiente tenía que hacer lo imprescindible para mí... visitar mi único amigo de verdad: El mar.

Capítulo 2

La mañana transcurría como tantas otras. El mar estaba calmado y el sol se dejaba ver tímidamente. Los rayos de luz se abrían paso entre la espesura grisácea de las nubes. Eran como poderosos hilos de luz dorada que bajaban del infinito para formar una cortina mágica y celestial ante nosotros.

A lo lejos una serie de navíos iban extendiendo sus velas a gran velocidad dirección al sur, mis escoltas comentaban que eran barcos militares noruegos pero no se ponían de acuerdo porque la distancia no permitía distinguir su bandera. Parecían trazar una línea imaginaria en el horizonte. Sus siluetas semejaban hormigas en fila india explorando un desierto en movimiento, indefensas, vulnerables y entregadas al azar del tiempo tan cambiante de aquel mar.

Las gaviotas ese día parecían reconocer nuestra presencia, volaban a muy baja altura buscando bancos de peces que hacían saltar de vez en cuando de forma espectacular. Aquella mañana Dagmar no estaba con la escolta real que me vigilaba, me dijeron que uno de sus hijos estaba muy enfermo. Me senté en la orilla del mar donde siempre acostumbraba a hacerlo, cerca de las desgastadas rocas de la sirena Sinjar. Detrás nuestro había un pequeño caserón de pescadores abandonado en el cual más de una vez nos habíamos refugiado cuando las grandes lluvias nos cogían por sorpresa en la playa.

Era un caserón de un color amarillento con unas tejas oscuras. Las dos ventanas que tenía estaban rotas y el movimiento frenético por el viento de unas cortinas sucias le daba un aire algo fantasmal. Estaba cercado por unas vallas de madera muy erosionadas por el clima salvaje del lugar. Siempre pensé en interesarme por saber de quién era esa casa para poder comprarla. De esa manera podría pasar mucho más tiempo en aquel lugar tan especial para mí. Además estaba en un montículo privilegiado en el cual se podía apreciar toda la gran belleza del paraje. Dagmar siempre decía que no era un lugar apropiado para una princesa por lo inhóspito del sitio, por los maleantes que podrían pasar por allí, por los piratas que podrían varar en la playa y por mil razones más.

La verdad es que yo misma me preguntaba el por qué me gustaba tanto el mar y en especial aquel lugar. Lo que nadie sabía y solo sabía mi madre es que yo era incapaz de meterme en el agua. Sentía pánico solo el pensar que mi cuerpo se viera inmerso en aquella inmensidad azul. Nunca lo hice, solo en mi niñez con mis criadoras mojaba mis pequeños pies en la orilla pero mis soberbias rabietas ante aquel miedo desconocido hicieron que nunca más se atrevieran a acercarme a él. ¿Pero por qué le tenía tanta admiración? ¿Por qué siempre acudía en su búsqueda? ¿Por qué me transmitía tanto? ¿Por qué me hacía sentir libre? ¿Por qué me daba tanto pánico adentrarme en él? Eran preguntas que yo misma nunca supe responderme desde mi niñez hasta esos días.

Recuerdo en mi infancia a mi madre la reina cuando me llevaba a pasear con ella cogida de la mano por la orilla del mar, me explicaba cuentos fantásticos de hadas y princesas e incluso me cantaba canciones típicas para niños de mi país. Le prestaba mi absoluta atención pero de reojo siempre observaba el mar que nos contemplaba. Yo muchas veces le susurraba a mi madre en voz baja que oía la voz del mar como se dirigía a mí, le explicaba que me contaba historias y que a pesar de ser tan colosal y grande se sentía muy solo. Mi madre sonreía ante tales comentarios infantiles poniendo siempre de manifiesto mi imaginación y afirmando que eran comentarios de una niña con una mente de fantasías descontroladas. Yo le juraba y perjuraba que no la engañaba y hasta incluso le explicaba que podía escuchar el susurro de las olas desvelarme el futuro de Dinamarca o hasta el de las personas. Lo más lamentable de todo ello fue que comentó en privado mis fantasías a mi padre, el Rey, el cual me propició una severa riña y castigo dejándome seis semanas sin dejarme ver el mar. Aquellos días en palacio fueron los más tristes de mi niñez, mi madre intentó levantar el castigo varias veces. Se sentía muy culpable, incluso lloró por ello, pero la testarudez de mi padre era tan severa que no pensó en ningún momento levantar aquella cruel sentencia para mí. Durante aquel castigo nunca olvidaré la frase que más me dolió de los labios de mi padre afirmando que "él nunca dejaría que reinara una princesa loca en Dinamarca". Yo no estaba loca, solo era una niña de siete años que decía lo que sentía y veía con la inocencia que cualquier niño de esa edad ponía de manifiesto.

De vuelta al palacio Ejnar me adentré en las pequeñas casas que había alrededor de palacio para visitar a Dagmar y ver a su hijo enfermo. Las gentes se paraban a mi paso, algunos se arrodillaban dándome sus reverencias. Mis escoltas me abrían paso entre los aldeanos e incluso intercedían si alguien se me acercaba más de la cuenta. Yo intentaba atender a toda persona que se dirigía a mí pero me resultaba complicado. Durante el trayecto una pequeña niña mal vestida y con la cara muy sucia se paró ante mí para regalarme una pequeña muñeca de trapo que tenía entre sus pequeñas manos. Me paré delante de ella agachándome a su altura.

- Hola pequeña, ¿es tuya esta muñeca? - dije con una sonrisa en mis labios ante la atenta mirada de la gran multitud de personas que había a nuestro alrededor en silencio esperando la respuesta de la niña.

La madre de la niña estaba de pie a pocos metros nuestro llorando de emoción al contemplar que yo me paraba a hablar con ella. Era una mujer muy humilde y por lo que intuí con apenas recursos de subsistencia.

- Si, Princesa Hanne. Yo quiero ser como tú. Te regalo mi muñeca. - dijo la pequeña que no tendría más de cinco años entregándome en mi mano una muñequita de trapo sucia con una gran sonrisa en tinta roja dibujada en sus labios. Me di cuenta que la muñequita tenía en su pecho el nombre Hanne.

- ¿Me la regalas? Pero si es tuya. - dije con sorpresa.

- Sí, se la doy. Sois vos Princesa Hanne. - dijo mirándome con una luz extrema en sus ojos y propiciándome un tímido beso en mi mano.

El corazón se me hizo un puño, la abracé y me levanté alzándola en brazos propiciándole un gran beso. Me acerqué hasta su madre que no dejaba de llorar de emoción.

- Tiene una hija preciosa ¿cómo se llama? - Hanne, como vos, mi princesa. - dijo entre lágrimas de emoción.

- Vengan esta tarde a palacio, digan que yo lo he ordenado, no quiero que les falte de nada a usted y a su hija. ¿Lo hará? - dije poniendo una de mis manos en la cara de la madre acariciando su curtido cutis maduro y observando como la mujer se arrodillaba ante mí.

- Sí, lo haré mi princesa Hanne, le deseo larga vida y amor infinito es usted una gran persona. - dijo llorando y cogiendo a su hija entre sus brazos. La pequeña muñeca la guardé en mi bolsa de piel de vaca que casualmente aquel día llevaba conmigo.

Proseguimos el camino entre los aldeanos que nos seguían a nuestro paso, algunos me besaban la mano con desesperación ante la mirada protectora de la escolta que en ningún momento dejé que actuara sobre aquella humilde gente. Escuchaba gritos de fondo de desprecio en contra de la corona británica relacionados con la guerra. Palpaba el miedo en los ojos de mucha gente aunque también la falta de recursos. Dinamarca no estaba en su mejor momento.

Estábamos cerca de la casa de Dagmar pero en mi camino entre la multitud encontré a Druna, la bruja del lugar, sentada en la entrada de su casa, miraba impasible viendo nuestro paseo entre la multitud que me paraba constantemente. Vivía a dos casas de Dagmar.

Era una mujer muy mayor, siempre vestía con ropas oscuras y grandes collares con huesos adornados con pequeñas piedras del bosque. Su pelo era muy largo y blanco. Sus ojos eran de un azul tan intenso que daba muchísimo respeto mirarla directamente a ellos. Los aldeanos y demás gentes de palacio la temían muchísimo, ello hacia que la respetaran. Vaticinó acontecimientos importantes en Dinamarca y la muerte de muchísimos mandatarios importantes de nuestros países vecinos. Algunos decían que tenía más de ciento veinte años, la verdad es que yo la recordé siempre de la misma manera. Nunca había hablado con ella, los soldados nunca la dejaron acercarse al interior de palacio. La única vez que tuve contacto con ella fue a la edad de cinco años corriendo por estas mismas callejuelas con los demás niños pequeños de la aldea.

Recuerdo que yo corría persiguiendo a algún niño, cuando inesperadamente me caí al suelo enfangado por la lluvia que había caído torrencialmente aquel día.

Me levanté llorando, curiosamente ni mis criadoras ni la guardia real estaban allí en ese momento. La gente que pasaba por allí no sabía que era la hija de la reina, cuando de repente apareció Druna, no sé ni cómo ni de dónde, plantándose delante de mí. Me quedé mirando aquella mujer que me inquietaba por su forma de mirarme. Me miraba seria acercándose lentamente con aquel atuendo oscuro y aquellos pelos tan largos blancos hasta que se puso de rodillas a mi altura.

- Una pequeña princesa llorando en el fango. - dijo habiéndome reconocido, nunca supe cómo lo supo. En aquel momento yo me estaba refregando los ojos para secar mis lágrimas sin articular palabra, solo contemplaba aquellos ojos azules tan grandes que me observaban acompañados de aquel pelo tan largo blanco. Seguidamente puso sus dos manos cerradas delante de mí con las palmas hacia abajo como si guardara algo en ellas, parecía como si se tratara de un juego en el que yo debía adivinar la mano que atesoraba el premio.

- A ver pequeña Hanne, demuéstrame que tu corazón es puro y que eres una princesa de verdad. - dijo Druna bajando la vista y mirando sus manos. Musitó algunas palabras en voz baja que yo no lograba entender a mi temprana edad.

Recuerdo que bajé mi vista con aquella cara tan sucia por el barro, con el pelo totalmente empapado y señalé tímidamente su mano izquierda con mi dedo índice. Druna esbozó una pequeña sonrisa alzando su vista directamente a mis ojos. Al mismo tiempo abrió ante mí la mano que yo había elegido. En ella había una piedra de color rosa que a mi corta edad me despertaba curiosidad por su llamativo color.

- ¡Lo sabía eres toda una princesa! Venga es hora de volver a casa, estás empapada. - dijo poniéndose en pie y rozándome cariñosamente con aquella gran mano mi cabeza. Me giré viendo como su figura se perdía entre las casas de los aldeanos. Al instante sentí unas manos rudas como una roca que me llevaban directamente a unos duros hombros, era un soldado que me llevaba hacia palacio. Mi recreo aquel día había terminado.

Ya estábamos pasando justo delante de la casa de Druna que estaba sentada observándome desde la entrada de su casa. Era una casa muy humilde, decorada con todo tipo de símbolos celtas y druidas. Me paré en seco girando la cabeza hacia Druna que observaba con detalle nuestra presencia ante aquella gente. Me acerqué hasta ella, los soldados me comentaron que no lo hiciera pero hice oídos sordos gesticulando con la mano para que me dejaran acercarme. Druna abrió una de sus manos alzándola hacia mí, viendo para mi sorpresa la piedra que pasados veintiséis años elegí de su mano en aquella extraña adivinanza, comprobando que aún la conservaba en su poder.

- Druna hoy es la primera vez que puedo saludarle, le recuerdo de pequeña, usted me hizo un juego aquella mañana de lluvia, recuerdo esa piedra perfectamente. ¿Se acuerda de mí? - dije amablemente y con todo el respeto que me merecía aquella ya anciana mujer

- Princesa Hanne, claro que la recuerdo. Usted emite la misma luz que aquel día y su corazón desprende lo que necesita la gente de este país, pero denoto tristeza en usted Princesa. - dijo Druna.

Me di cuenta al contemplarla de más cerca que ya era muy anciana pero desprendía sabiduría en cada palabra y gesto de su persona.

- Son muchos los problemas en los que está este país inmerso Druna, gentes que no tienen que comer, las guerras que se avecinan, los brotes de enfermedades que van llegando de Europa, el estado de salud de la Reina... - dije tristemente.

- Princesa Hanne eso es comprensible: es la vida y la naturaleza, yo me refería a vos. - dijo.

- No sé a qué se refiere. - dije mirando directamente a aquellos ojos azules inmensos como el mar que yo contemplaba cada mañana.

- Ahora no es el momento Princesa Hanne, pero me gustaría tener el privilegio de poder hablar a solas con vos, debo hablaros de varias cosas importantes. - dijo Druna, no queriendo demorar más mi paseo hacia la casa de Dagmar.

- Le prometo que la recibiré en palacio, no tendrá problemas para entrar en él, daré orden de ello Druna. - dije saludándola con la mano retomando la dirección a la casa de Dagmar.

En ese mismo instante Druna se levantó de aquella vieja silla mirando al suelo en un extraño estado de trance como si en sus entrañas buscara algo que deseaba desterrar.

- ¡Sangre de caballo! ¡Hanne ese niño debe tomarla! ¡Sangre de caballo! - dijo Druna gritándome a lo lejos, llamando la atención de todos los aldeanos amontonados que estaban allí asombrados por lo que predijo.

Miré a Druna pensativa unos instantes y sin pensarlo dos veces ordené a un herrero que justamente guardaba sus caballos allí delante, para que sacrificara al joven caballo que había en la cuadra. El herrero obedeció sin reparo la orden sacrificando así al animal para extraer la sangre que Druna aconsejó que le lleváramos al hijo de Dagmar para curar su enfermedad.

El hijo de Dagmar tenía una enfermedad desconocida. Estaba pálido y sin fuerzas. Los médicos de palacio no tenían respuesta ni remedio a lo que el joven Cristiansen tenía, le daban pocos días de vida.

Lo cierto es que tras ingerir casi litro y medio de aquella sangre de caballo el hijo de Dagmar recuperó totalmente sus fuerzas de forma increíble, viendo como a los pocos días ya estaba correteando por las calles con los demás niños.

Yo sabía que Dagmar detestaba a Druna desde tiempos atrás, la veía como una bruja haraposa que solo traía malos presagios a palacio.

Cuentan que ese día fue a pedirle disculpas por la mala actitud que él siempre tuvo hacia ella, ofreciéndole como agradecimiento por salvar a su hijo un gran canasto de pescado y verduras. Druna aceptó las disculpas cortésmente entregando poco más tarde aquella comida a las gentes que pedían limosna en las calles limítrofes a palacio.

Capítulo 3

Llegaron las primeras luces del alba con la inesperada aparición en palacio del carruaje del capitán Argus. Llegó tras la salida del sol, escoltado por diez soldados de infantería que velaban por su seguridad en el trayecto desde Copenhague a Skagen. La orden de su vuelta fue designada por el rey Erik III que en aquellos momentos estaba en Copenhague junto a toda la cúpula militar en espera de las complicadas decisiones diplomáticas que mantenían con la corona británica. Argus no aceptó de buen grado dejar su bergantín en manos de otro oficial, pero debía acatar estrictamente las órdenes que recibía desde el alto mando.

Los ingleses pedían la rendición a toda costa de la flota danesa y noruega ante la posible amenaza de que cayeran en manos del temido Napoleón. No daban margen a ninguna negociación, solo querían la rendición de Dinamarca o en caso contrario la guerra sería el precio a pagar. Esa situación propició que todo el ejército danés estuviera concentrado en distintos puntos estratégicos del sur por aquella posible amenaza de guerra con Inglaterra. Mientras tanto en el norte del país la única defensa militar que existía era el pequeño destacamento que teníamos en palacio. Eran soldados de la guardia real junto a un reducido número de soldados de tropa. Todos ellos no llegaban a los cien soldados.

Era muy difícil defender el norte con ese pequeño ejército. La única alternativa de escapatoria que existía en aquel momento en el norte del país era el navío Hans II anclado en Frederikshavn, custodiado día y noche por cinco soldados de las tropas danesas. Dicho navío estaba anclado en una gruta secreta totalmente escondida por la que solo se podía acceder desde el mar con alguna pequeña embarcación. Aquel navío estaba allí ocultado secretamente por la posible invasión del norte del país para que pudieran escapar en el toda la nobleza, los altos mandos militares y las personalidades del gobierno danés. De esa manera podrían escapar de

Dinamarca sin ser capturados por el ejército enemigo. Además la desesperación en aquellos días hizo que en muchas poblaciones se reclutaran jóvenes muchachos para ser alistados a las tropas o enviados a los barcos que estaban en la bahía de Copenhague sin apenas saber empuñar un arma.

Horas más tarde, tras la llegada de Argus, se comunicó una reunión de urgencia en la sala de actos en la que el rey siempre reunía a sus gobernantes y altos cargos militares afincados en palacio. Allí estaban citados esa mañana todos los mandos militares daneses que residían en palacio, algún oficial del país aliado de Noruega, algunos nobles de la zona y altos cargos del gobierno danés. Nadie me ofreció la invitación a dicha reunión de vital importancia en palacio pero yo misma decidí acudir en el nombre de la reina para escuchar la información que Argus nos quería comunicar.

Era una gran sala con las paredes forradas de madera en su totalidad. En lo alto había tres grandes lámparas de oro que caían del techo. En uno de los extremos de la sala estaba el cuadro de mi padre junto al de mi madre, esos cuadros los pintó uno de los artistas más reconocidos del momento en Dinamarca. En medio había una amplia mesa de madera de roble donde estábamos todos sentados esperando a que Argus rompiera el silencio. Él se sentó en uno de los extremos de la misma, a la vista de todos los presentes que esperaban escuchar lo acontecido en los últimos días en Copenhague.

Argus se puso en pie con sus dos brazos en la espalda y se dispuso a dar comienzo a la reunión para informar a los presentes de la situación en el sur del país.

- Queridos camaradas, la situación en estos momentos cómo ya sabrán es muy complicada. La flota inglesa se ha instalado en la Bahía de Copenhague a la espera de nuestra rendición. El rey Erik III solo pide calma y paciencia. Dinamarca nunca aceptará la rendición; antes lucharemos hasta la muerte. - dijo Argus de pie en aquella amplia sala.

- ¿Se podría pedir ayuda a Suecia? - dijo un almirante.

- No, Suecia nuestro país vecino no nos ayudará, nuestras relaciones diplomáticas con sus gobernantes son precarias. - dijo Argus firmemente.

- Mi capitán, supongo que sabrá que una posible invasión por parte de los británicos en esta zona del norte sería terrible, no podríamos afrontar un desembarco británico con el reducido número de soldados que disponemos aquí. ¿Que deberíamos hacer? - dijo el oficial de la guardia real de seguridad del palacio.

- El rey ha firmado un comunicado protocolario en caso de ser invadidos por los ingleses, creo que los que estamos aquí ya sabemos cuál es. - dijo Argus despejando las dudas.

- ¿Os referís a huir con el Hans II anclado en la gruta secreta de Frederikshavn? - dijo el oficial de la guardia real.

- Exactamente. Lamentablemente sería la única opción camaradas, en Oslo estarían encantados de recibirnos. Allí estarían a salvo la reina y la princesa. - dijo Argus mirando a Hanne.

- Efectivamente camarada, allí serían acogidas la reina y la princesa como en su casa, además de los presentes. - dijo un alto mando noruego acariciando su esbelto bigote.

- ¡Sigo reiterando en pedir ayuda a Suecia! Va a ser el fin de nuestro país. - dijo un alterado almirante.

- No nos ayudaran, olvídese. Sus relaciones con la corona británica son excelentes, no intervendrían en el conflicto. - dijo Argus enérgicamente.

- Capitán Argus, ha llegado a nuestros oídos que la corona británica ha pagado a un ejército de mercenarios asesinos del mar de Irlanda para anclar en esta costa y apoderarse de este palacio. ¿Está usted informado de ello mi capitán? - dijo un oficial con unos documentos en mano.

- Sí, es cierto. Lamento comunicarlo pero es cierto. Por ello me ha enviado el rey aquí ante ustedes, para informarles de ese peligro inminente. Ordeno que no salga esa información de esta sala, no debe correr el pánico entre la gente. - dijo seriamente Argus tras observar la cara de asombro y de temor de todos los que estábamos allí.

- ¿Se trata de ese Donovan y su pandilla de sanguinarios? - dijo un capitán atemorizado.

- Efectivamente mi camarada, el mismo. Se cree que dos grandes embarcaciones en pocos días estarán cerca de nuestras costas de Skagen. Puede ser el fin si logran llegar a palacio. - dijo Argus sentándose en la mesa sin argumentos.

- ¿Quién es ese Donovan? - dijo un noble que no dejaba de mostrar su nerviosismo con un tic nervioso en su ojo derecho.

- Donovan, querido camarada, es el peor pirata y mercenario que surca los mares de Europa. Ha combatido con sus hombres en Asia, en África y en toda Europa. Se dice que él y sus hombres eliminaron a un gran destacamento de Napoleón en una horrible batalla en Malta. Su ejército de mercenarios tiene una gran experiencia en guerrillas por tierra y mar, todos ellos son de muchas nacionalidades y la mayoría están en busca y captura en sus países. Matarían a su propia madre por un puñado de monedas de oro. - dijo Argus con odio en los ojos.

- ¿Estamos perdidos entonces? - dijo un asustado personaje de la nobleza.

- No nos queda otro remedio camaradas que huir cuando sean vistas esas embarcaciones acercarse a la costa. Duplicaremos la vigilancia costera y solo nos queda, esperar y rezar. - dijo Argus escondiendo la mirada.

- ¿Cuánto tiempo nos queda? Tengo que preparar a mi familia para escapar de aquí. - dijo un noble aterrado levantando la voz.

- Tranquilícese, esperemos acontecimientos. - dijo Argus con la mano alzada.

Sentí la imperiosa necesidad de hablar ante aquella mísera conversación en la que como única opción era escapar cobardemente. Me levanté lentamente y me pronuncié ante todos.

- Aunque sé que mi presencia aquí no es de muy buen agrado por parte de los presentes acudo a ella en nombre de la reina Astrid. Creo que debo exponer mi opinión en lo escuchado en esta reunión como princesa de un país al que quiero y al que pertenezco, Dinamarca. ¿Qué pasará con los niños y las personas que están en la aldea? - dije en pie ante la mirada de todos ellos.

Miré a Argus y sabía que mi intromisión en la reunión podría ser problemática.

- Princesa Hanne, ya habéis escuchado lo que ha decidido el rey y el mando militar. No debéis asustaros en caso de que esos bellacos sanguinarios lleguen a la costa. Vos estaréis a salvo. - dijo un capitán de navío danés.

- ¿No habéis pensado que vos y vuestra familia estaréis a bordo de ese barco dirección a Oslo mientras niños, mujeres y hombres inocentes mueren a manos de esos piratas sin escrúpulos? - dije muy nerviosa.

- Os repito que es la única alternativa de la que disponemos en estos momentos Princesa Hanne, no tenemos suficientes hombres para defender el palacio. - dijo otra vez el capitán.

- Queridos patriotas, miren su corazón por un momento. Piensen en lo que acaban de decidir: van a dejar morir a esa gente, la gente que construye el día a día en Dinamarca, la gente la cual sin ella ustedes no son nada. ¿Les van a fallar en un momento así? ¿Van a dejarles en manos de esos demonios del mar irlandés? Como princesa de Dinamarca juro y perjuro que no subiré al Hans II.

Los rumores en voz baja por los presentes en aquella sala en discordancia a mis palabras se hacían latentes.

- Hanne, tranquilízate. - dijo Argus mirándome fijamente.

- ¿Que me tranquilice Capitán Argus? ¿Cómo voy a mirar a la cara a esas personas que viven debajo de palacio? - dije mirando fijamente a Argus.

Él me entendía pero su corazón ya era infranqueable.

- Bien Princesa Hanne, ¿que aconsejáis vos? ¿Esperar a que venga ese pirata Donovan y le abramos las puertas de Ejnar? - dijo un noble poniéndome en evidencia.

- Antes de que se vierta más sangre de gente inocente en mi país a cambio de salvar los intereses egoístas de las almas oscuras aquí presentes, pido pacíficamente la rendición a la corona británica y si mi cabeza han de cortar, estoy dispuesta a que lo hagan. - dije firmemente ante los murmullos cada vez más latentes de la gente de la sala en contra de mi intervención.

- ¿Princesa Hanne cómo podéis vos decir tal cosa? Sería la deshonra del rey Erik III. - dijo un cargo del gobierno con los ojos desorbitados.

- ¿La deshonra de Erik III? Lamento comunicaros que lo que acaba de firmar mi padre, el rey, es la sentencia de muerte de muchas personas inocentes a cambio de vuestra libertad señor gobernador y la de su familia incluida. ¿Aún lo encuentra una deshonra? - dije clavando mi mirada como un cuchillo.

- ¡Princesa Hanne os concedo todos mis respetos! Pero en ningún momento habéis sido invitada a esta reunión, os rogaría que cortésmente acepte lo acordado en esta sala, sino abandónela. - dijo el más alto cargo militar en la sala.

Era un Almirante general, en aquellos momentos era la mano derecha de mi padre. Se puso de pie de forma marcial invitándome a dejar aquella sala ante la mirada fría de mi hermano el capitán Argus.

- Querido Almirante, os agradezco apaciblemente la invitación para marcharme de esta sala, sé que no aceptan mujeres en el juego de la guerra, además observo que mi presencia en esta sala en ningún momento ha estado bien vista por parte de los presentes, aún siendo la princesa del país al que ustedes representan. Solo les advierto que si se derrama tan solo una gota de sangre de la gente inocente que vive en este país, sus manos quedaran tan manchadas de sangre como las de esos mercenarios sin escrúpulos. - dije levantándome entre un silencio sepulcral caminando hacia la puerta de salida donde dos soldados de la guardia real me abrieron la puerta de par en par.

Mis pasos eran firmes, sonoros y seguros por aquellas dependencias. Mi cara era de preocupación e indignación. Me dirigí a la torre más alta, escaleras arriba, para sentir el aire fresco y tranquilizar aquellos nervios que afloraron en la reunión momentos antes. Me indignaba la decisión que mi padre, el rey, había tomado. Era injusta esa decisión, había firmado la segura sentencia de muerte de muchos inocentes a cambio de salvar la vida a unos cuantos mediocres sin alma. Argus en ningún momento se pronunció ante mis palabras, él sabía que yo tenía razón, pero su corazón estaba teñido en odio desde hacía muchos años tras la muerte de su mujer y su hijo. Mis declaraciones llegarían con toda seguridad a oídos de mi padre por el almirante general tras mi última réplica.

Me apoyé en la ventana del torreón sintiendo la brisa fresca de aquel mediodía, a lo lejos podía observar la silueta de un barco pesquero. Cerré los ojos, olía a aroma de mar que el viento traía en mi encuentro, ello me hacía sentir bien. Alejaba de mí, mis miedos, mi soledad, mi tristeza.

Aquella mañana no había podido ir a caminar como de costumbre y eso me hacía sentir extraña conmigo misma. Observaba toda la aldea desde lo alto de aquella torre, veía a los niños jugar correteando, las paradas de los aldeanos repletas de gente, sentía el murmullo de sus voces, la vida se respiraba en el ambiente. No podía imaginar la muerte de aquellas personas que observaba a manos de aquellos indeseables mercenarios. ¿Qué le estaba pasando a mi país? ¿Qué le sucede al hombre? ¿Dónde está la barrera que divide la ética de la locura? No entendía ese mundo de apariencias y falsedades donde lo único que importaba era el poder.

Pensé en mi madre, para mí era muy duro pensar en el estado en el que estaba para embarcarla en un barco, sería su muerte inmediata. Apenas podía caminar, su debilidad haría imposible su traslado a la gruta de Frederikshavn por aquellos caminos estrechos y de tan dificultoso acceso.

Sentía como alguien subía rápidamente las escaleras, escuchando su agitada respiración de cansancio. Ante mí se presentó un joven soldado de la guardia real.

- Mi princesa,.... vengo a comunicaros.... - dijo cogiendo aire y sin poder articular palabra.

- Descanse, coja aire soldado. - dije al joven soldado con la respiración agitada.

- Mi princesa,... vengo a comunicaros que en la puerta de palacio... - dijo volviendo a parar el joven muchacho cogiendo aire otra vez sin fuerzas y apoyando su mano en la pared, consiguiendo arrancarme una sonrisa.

- Tomad el tiempo que queráis joven soldado. - dije mirando la vista que tenía ante mí sin darle importancia al soldado que parecía sentirse avergonzado.

- Mis más profundas disculpas mi princesa, vengo a comunicaros que en la puerta de palacio hay una mujer con una niña y nos está suplicando que vos le disteis vuestro permiso para visitaros. - dijo con la respiración más calmada apoyando esta vez las dos manos en sus rodillas.

- Sí, es cierto. Déjenlas pasar y ordena que les proporcionen ropas y comida. Después traedlas a mi aposento soldado. - dije recordando la madre de la niña que me dio la muñeca de trapo en la aldea.

- A vuestra disposición, mi princesa. - dijo el soldado bajando otra vez rápidamente al puesto de vigilancia de la entrada.

Sonó la puerta de mi aposento haciendo presencia ante mí la mujer con la pequeña Hanne a la que llevaba en sus brazos. La mujer me hizo una reverencia y entró en la habitación junto con dos sirvientas.

- Mi princesa, no sé cómo darle las gracias por el noble gesto que habéis tenido con nosotras. - dijo la mujer de forma agradecida.

- No tenéis que darme las gracias... ¿como os llamáis? - dije acariciando a la pequeña que comía un pequeño chusco de pan.

- Me llamo Fiona, Princesa Hanne. - dijo la mujer.

- Tened esto Fiona os ayudará un tiempo, tomadlo como una ayuda que yo les hago de modo personal. - dije alargando mi mano y depositando 5 monedas de oro en su mano.

- No puedo aceptarlo, mi princesa, no puedo. - dijo la mujer emocionada por el gesto mirando lo que sostenía en sus propias manos.

- Aceptadlo, os lo ruego Fiona. - dije observando a la niña como me reía escondiéndose entre la maleza de pelo de su madre.

- Por cierto Fiona, ¿y el padre de la niña? - dije observando como el rostro de Fiona cambiaba de expresión.

- Princesa es tarde, debemos marcharnos. - dijo incómoda tras aquella pregunta.

- ¿Fiona, no tiene padre Hanne? - dije con curiosidad al ver la extraña actitud de Fiona.

- Debo irme, mi princesa, lamento mi breve visita, debo irme. - dijo insistiendo en marcharse.

Cogí la mano de una nerviosa Fiona que ocultaba sus ojos ante mi mirada.

- Fiona, ¿que pasó con su padre?

- No puedo hablar de ello mi princesa, no puedo. - dijo empezando a llorar ante mí.

Ordené a mis sirvientas que se hicieran cargo de la pequeña Hanne, quedándome a solas con Fiona en la habitación.

- Dígame Fiona ¿qué pasó con el padre de Hanne?

- No puedo hablarle de ello princesa Hanne, no puedo. - Contestó entre sollozos.

- ¿Por qué no podéis? ¿No confiáis en mí? Yo puedo ayudaros. - dije buscando sus ojos.

- No podéis..., Nadie puede...me quitarían a Hanne si hablo. - dijo más nerviosa.

- ¿Quién os quitaría a vuestra hija? Os obligo a que me habléis de ello Fiona. - dije algo seria y confundida por aquella actitud.

- ¿Juráis por la reina, vuestra madre, que no revelareis a nadie mi secreto? - dijo la mujer esta vez clavando sus llorosos ojos en los míos.

- Palabra de Princesa. - dije estrechando sus manos.

- ¿Vos sabíais que yo había trabajado hace años en palacio? - dijo la mujer.

- No, no lo sabía Fiona, aquí pasan infinidad de muchachas a las que apenas llego a conocer en su mayoría. Contadme. - dije con interés.

- Veréis, yo estuve como sirvienta en el servicio de oficiales de palacio. ¿Lo conocéis?

- Sí, sé dónde está, pero apenas paso por esas dependencias de palacio.

- Allí mi ocupación consistía en servir a los oficiales militares al igual que a las personalidades importantes que se hospedaban temporalmente. Pero mi mayor tiempo lo dedicaba al máximo oficial de palacio, a su padre el Rey Erik III. - dijo nerviosa y bajando el tono de voz.

- Seguid Fiona... - dije confusa.

- Veréis mi Princesa Hanne, en una de mis atenciones al rey en su aposento, fui cruelmente violada y amenazada con su espada en mi cuello para que callara... - dijo entre lágrimas.

- ¿Fiona, es verdad lo que contáis? - dije tristemente sorprendida.

- Sí, mi princesa. Juró matarme si hablaba. - dijo llorando desconsoladamente.

- ¿Y Hanne? ¿Él la ayudó en la manutención de la pequeña?

- No, mi princesa, al día siguiente me expulsaron de palacio por orden del rey alegando ser una sirvienta poco eficiente.

- ¿Y vos que hicisteis?

- Estuve mucho tiempo trabajando en la aldea, en los trabajos más míseros y constantemente amenazada por los mensajeros del rey que me obligaban a marchar al sur.

- Fiona me rompéis el corazón, sabía de rumores en toda Dinamarca sobre la doble vida del rey pero nunca les di importancia, ahora veo que estaban en lo cierto. - dije totalmente decepcionada.

- La bruja Druna me asistió en el parto. Los médicos de palacio y de la aldea tenían orden del rey de no asistirme.

- Fiona, lo siento en lo más profundo de mi corazón. Haré todo lo que esté en mis manos para que vos y la pequeña Hanne viváis dignamente.

- Espero mi princesa, que mi confesión no os traiga problemas. Me siento avergonzada, pero mi vida estaba en juego aquel día. - dijo Fiona más tranquila.

- Lo sé Fiona, el peor animal que existe en las tierras de este mundo sigue siendo el irracional hombre.

En aquel día habían sucedido demasiadas cosas importantes en palacio que rondaban por mi cabeza como un remolino de emociones confusas y tristes. Sentía el no haber acudido a mi cita con el mar aquella mañana, lo echaba en falta como el aire que respiraba. Pensé en todo lo que me contó Fiona, quizá podría ser una historia inventada, pero yo creía aquella mujer plenamente. Su expresión me lo decía todo. Ella escondía un inmenso dolor en lo más profundo de su corazón que solo conocía el rey, mi padre. Yo debía y sentía el compromiso de ayudar a Fiona, porque indudablemente la pequeña Hanne tenía mi misma sangre, la hermana soñada que nunca pude tener. Desde que la vi aquella tarde mostrarse en mi camino entre el tumulto de aldeanos camino de la casa de Dagmar mirándome fijamente, presentí que algo en ella conectaba conmigo. No sabía qué era, ahora lo sabía.

Respecto al rey Erik III no era la primera vez que llegaban a mis oídos lejanos rumores sobre posibles orgías y fiestas nocturnas con mujeres de la vida en sus diversas estancias diplomáticas, lejos de palacio, con miembros del gobierno y la nobleza. Nunca hablé de ello con la reina Astrid, además era un tema demasiado delicado para hablarlo con mi madre por el tan delicado estado de salud en el que se encontraba. En mi interior se arremolinaba una tristeza descontrolada por ello, nunca pensé que mi padre el rey sería capaz de hacer algo así. Mi papel ante ese doloroso secreto que me fue desvelado por Fiona debía seguir siendo anónimo, aunque siempre fui una princesa que podía perdonar....pero nunca olvidar.

Llegó la madrugada al reino de Dinamarca cubriendo de frío y fuertes vientos la costa de Skagen. En palacio, solo la guardia real estaba despierta velando por la seguridad de los que dormíamos bajo aquella luna llena mecida por las nubes. El sonido del viento que se colaba a través de las ventanas de mi aposento, parecía la voz del viejo Odín, rey de los dioses nórdicos, manifestando su imperiosa presencia aquella noche en palacio acompañado por sus dos oscuros cuervos, Hugin (el pensamiento) y Munin (la memoria). A Odín se le atribuía ser el Dios de la guerra, de la sabiduría, la poesía y la muerte. Siempre que sonaba el viento de aquella manera tan misteriosa capaz de penetrar hasta en lo más profundo del alma de las personas, presagiaba algo malo. Las ancianas del lugar siempre solían decir que cuando silbaba el viento de aquella forma se avecinaban malos augurios para Dinamarca o la llegada de la dama oscura de Odín para arrebatar el alma de alguien del mundo de los vivos.

Capítulo 4

Desperté tras escuchar una extraña voz en el rellano de la puerta de mi aposento muy entrada la madrugada. - ¿Quién anda? - grité fuertemente sin recibir respuesta.

Solo podía apreciar una tenue y misteriosa voz susurrando algo tras la puerta sin posibilidad de entender lo que decía. Me levanté de la cama decididamente notando como el intenso frío de aquella noche se instalaba en mi aún caliente cuerpo protegido tan solo por el largo camisón blanco. En mi mano izquierda sostenía el único candelabro que estaba encendido y que me otorgaba una fugaz luminosidad durante las noches. Me acerqué hasta la puerta sin hacer ruido, pudiendo percibir esta vez unos pasos indecisos detrás de ella. Empuñé con mi mano la helada manecilla de la puerta silenciosamente y tras un breve instante, la abrí enérgicamente de par en par. No había nadie ante mí, tan solo el leve sonido del viento a mis espaldas y las pequeñas lámparas que aún lucían melancólicamente en el pasillo. Me quedé por unos instantes desconcertada; allí había estado alguien momentos antes. En ese instante a lo lejos percibí con la poca luz que las lámparas me ofrecían, la imagen de una mujer vestida con ropas oscuras al final del pasillo. No la pude distinguir bien. Fui en su dirección descalza, notando el gélido suelo en las plantas de mis pies. Giré al final del pasillo siguiendo la dirección que aquella misteriosa mujer había tomado.

Aquel pasillo no tenía salida y terminaba justo delante de la despensa donde se almacenaban los alimentos.

Continué caminando lentamente con la débil luz amarillenta de mi candelabro sin todavía apreciar a aquella intrusa en la noche. A medida que me iba acercando podía apreciar la silueta difusa de aquella misteriosa mujer. Allí estaba, a pocos metros de mí, delante de la puerta. Parecía impasible, fría, inerte, confusa, muy extraña. Me paré a un par de metros de ella, algo en ella me resultaba misterioso. No podía apreciar bien su rostro por la oscuridad que atesoraba aquel final del largo pasillo. La pobre luminosidad de mi candelabro no era suficiente ante tanta oscuridad.

- ¿Qué hacíais vos detrás de mi puerta a estas horas? He estado a punto de llamar a la guardia real. - dije algo nerviosa.

- Hanne... querida Hanne, cuánto has crecido... - dijo la mujer alzando su mano derecha hacia mí en medio de la oscuridad. Seguía sin poder apreciarla con nitidez.

- ¿Quién sois vos? No os conozco. - dije alzando mi candelabro apreciando esta vez su rostro.

La tez de su cara era muy blanca, al igual que su piel, sus ojos apenas tenían brillo, eran muy oscuros y su cabello era negro y muy largo. Su vestimenta no era la que se llevaba en palacio normalmente pero había algo en ella que yo reconocía y que me era muy familiar.

- Querida Hanne, ¿no me recuerdas? He venido a darte un mensaje solo para ti, mi querida Hanne. - dijo aquella mujer entre la oscuridad y la débil luz de mi candelabro.

- ¿Un mensaje? ¿Quién sois vos? Voy a llamar a la guardia. - dije retrocediendo un par de pasos atrás. Me empezaba a desconcertar aquella mujer.

- Hanne, soy Agnnetta, fui tu cuidadora en tu niñez. - dijo aquella mujer moviendo sus dos manos muy lentamente hacia mí.

- ¿Agnnetta? Pero si murió hace más de veinte años. - dije totalmente desconcertada.

- He venido a traerte un mensaje: la Reina Astrid II morirá al amanecer, durante la llegada del sol, después de una luna. Ella te debe revelar algo muy importante. - dijo la mujer alzando tristemente otra vez una de sus manos hacia mí.

A medida que iba observando su rostro iba reconociendo a aquella mujer que tenía ante mí. Era Agnnetta, la reconocía.

Fue mi cuidadora en palacio hasta que cumplí los cinco años. Era como una segunda madre para mí. Yo apenas atesoraba recuerdos de ella en mi memoria pero recordaba el rostro de Agnnetta, era ella. A medida que mis ojos se iban cada vez más acostumbrando a la poca luz de aquel encuentro, pude observar con más detenimiento sus ropas oscuras. Bajé la vista en aquel largo silencio para comprobar ante mi sorpresa que sus pies no tocaban el suelo, estaba levitando a unos centímetros del suelo. Su cuerpo desprendía una muy leve extraña vaporización blanquecina y resplandeciente. El miedo me invadía cada vez más por momentos, y ello me obligó a retroceder torpemente unos pasos más atrás.

Mi estado de intranquilidad ante el fantasma de Agnetta me dejó sin palabras. Me quedé mirándola sin apenas fuerzas de articular palabra. Su presencia allí, junto con la revelación que me fue dada por Agnnetta, destapaba el pánico que me atenazaba siempre en casos extremos. Aunque realmente sentía mucho más pánico por adentrarme en las frías aguas del mar que ante la visita espectral de Agnnetta.

- Hanne, debo irme. Nunca os olvidaré mi princesa, nunca os olvidaré. - dijo mostrándome una leve sonrisa y desapareciendo como una brisa nostálgica ante mí.

Por unos momentos me quedé inmóvil en el pasillo. Ya no sentía el frío en mis pies ni en todo mi cuerpo. El encuentro con el fantasma de Agnnetta me impregnó de misterio y tristeza.

Reaccioné lentamente volviendo hacia mi habitación por aquellos largos pasillos fríos y silenciosos. Cada vez caminaba más deprisa, mi mente no asimilaba lo visto instantes antes. Acababa de ver a Agnnetta muerta, no lo podía creer. Murió hacía más de veinte años en palacio por una incurable enfermedad del corazón. Era muy amiga de la reina. Procedía de familia sueca. Mi madre siempre confió plenamente en ella durante aquellos años de mi infancia como cuidadora. Me dejaba largas temporadas con ella cuando los reyes viajaban por el país o por otros lugares de Europa. Lo único que recuerdo fugazmente de Agnnetta, aparte de todo el amor que me ofreció aquella mujer en mi infancia, son las largas mañanas sentada en sus regazos en la orilla del mar bajo el sol en verano y el peculiar aroma del perfume de sus ropas.

Aquella noche no pude conciliar el sueño. Aferrada a las frías sábanas y a la luz del candelabro, mi cabeza no paraba de dar vueltas buscando una explicación a la misteriosa visita de Agnnetta. Sabía que la muerte de mi madre la reina Astrid, estaba cercana. Tras aquella aparición empecé a creer firmemente en que la muerte solo era un paso que todos debíamos dar para encontrar algo nuevo. No era el fin.

Llegó el primer mágico rayo de sol a Skagen cubriendo de luz y esperanza a una Dinamarca que por aquellos tiempos estaba a las puertas de una guerra absurda. En palacio la gente estaba preocupada, la reina estaba empeorando, su respiración cada vez era más complicada. Los médicos de palacio no sabían cómo remediar aquel sufrimiento que padecía. Argus mandó aquella mañana urgentemente un mensajero a Copenhague para comunicar el estado de la reina al rey Erik III. Si fuera verdad lo que me vaticinó el fantasma de Agnnetta, mi madre, la reina moriría al amanecer del día siguiente, pero quería pensar que no era cierto. No hablé con nadie de lo que vi y escuché la noche anterior, era otro de mis secretos inconfesables de princesa. Aquel día no dejé a mi madre sola en ningún instante en su concurrido aposento. Entraban y salían sirvientas con paños y cazos de hierbas medicinales. En un extremo del aposento los médicos hablaban entre ellos formado un corro, con la expresión en sus caras de impotencia y tristeza. Veían que la reina se estaba muriendo a marchas forzadas. Ella dormía pero su respiración era cada vez más débil, sus ahogos eran más constantes. Apenas tenía fuerzas para hablar cuando despertaba. Las cuidadoras le habían puesto unas grandes cazuelas con infusiones medicinales en cada extremo de la cama para aliviarle la respiración. Sentía la mayor de las tristezas en mí, viendo a la reina en aquel estado. De repente vino a mi cabeza aquella mañana, la idea de acudir a Druna, ella era la bruja más respetada de la zona. Había curado a muchos aldeanos y gentes venidas de todas partes de Dinamarca por enfermedades incurables según se sabía. Druna tenía prohibida la entrada a palacio por orden expresa de mi padre el rey pero ante una situación como aquella para salvar a la reina se levantaría la prohibición. Salí de la habitación apresuradamente con la intención de adentrarme en la pequeña aldea en busca de la anciana bruja Druna.

Bajé los escalones de mármol blanco de palacio casi a trompicones, estuve a punto de caerme en varias ocasiones antes de llegar al final de la escalera. Me sentí por unos momentos la traviesa Hanne que tantas veces había correteado por aquellas escaleras, bajo los gritos de desesperación de mis cuidadoras. En la entrada me encontré a mi hermano Argus, hablando con el almirante de la guardia real, junto con los soldados que vigilaban el acceso al interior.

- Princesa Hanne, ¿cómo está la reina Astrid? - dijo el almirante de seguridad.

- Mal, Almirante voy en busca de Druna. Ella igual puede hacer algo por la reina; sé que no está bien visto que una bruja acuda a visitar una reina pero debo intentarlo. - dije mirando a Argus que no veía de buen agrado la decisión.

- ¿Una bruja? Pero Hanne, ¿quieres convertirte después de lo de ayer en la reunión en la princesa rebelde del pueblo danés? - dijo con incomodidad Argus.

- Ciertamente prefiero serlo a convertirme en lo que te estás convirtiendo tú, querido hermano. Ahora dejadme paso voy en busca de Druna. - dije molesta por aquellas palabras.

- Querida hermana, mañana vuelvo urgentemente otra vez a Copenhague, la guerra ya es inminente, espero verte subir a ese barco porque con tus comportamientos plebeyos solo conseguirás tener una muerte segura. - dijo Argus de forma amenazante.

Lo miré con rabia y sin articular palabra, salí del palacio junto con cinco soldados de la guardia real que al verme salir sola me ofrecieron su escolta. Entre ellos estaba Dagmar que se aferró en caminar apresuradamente a uno de mis costados observando mi cara de circunstancias.

- Princesa Hanne, ¿puedo preguntar dónde vais? - dijo amablemente Dagmar.

- En busca de Druna. - dije con paso decidido por una zona donde apenas había gente de la aldea. - ¿La reina está mal, verdad? - dijo Dagmar tímidamente.

- Sí. Dagmar, por favor.... me tienes que hacer un favor. - dije parándome en seco y observando fijamente a los ojos de Dagmar.

- Decidme mi princesa - dijo con atención.

- Voy a llevar a Druna a palacio, quiero que vea a la Reina. Juradme que no le negaréis que me acompañe. Sé que por orden del rey esta prohibido y que es condena de calabozo a todo aquel quién incumpla sus órdenes por dar acceso a la bruja Druna a cualquiera de las estancias del palacio. ¿La dejaréis acompañarme? - dije buscando la mirada limpia y sincera siempre de Dagmar.

- Princesa Hanne puede traer problemas la entrada de Druna en palacio. - dijo un dubitativo Dagmar rascándose la cabeza mirando al suelo.

- ¿Lo haréis? - dije buscando su afirmación.

- Lo haré mi princesa, los soldados, tratándose de vos, lo aceptarán. - dijo Dagmar.

Llegamos a la puerta de la casa de Druna. Llamé dos veces enérgicamente en aquella vieja puerta. Druna abrió la puerta asomando su anciano rostro. Observó con una sabia sonrisa mi presencia ante ella y seguidamente miró a mis escoltas. Caminé hasta el interior de su humilde casa cerrando la puerta sin dejar pasar a nadie de la escolta. La casa estaba repleta de hierbas preparadas que vendía a los aldeanos, amuletos con símbolos extraños que colgaban en las paredes, y una lechuza blanca que contemplaba nuestra presencia con atención. Me hizo sentar en una pequeña mesa redonda que tenía un desgastado mantel rojizo. Estaba sentada frente a ella en la penumbra, con la única luz de una vela que en aquella casa nos alumbraba desde uno de los costados del comedor. Veía su rostro anciano, sabio y místico delante de mí con aquellos ojos que podían ver hasta el último rincón de Dinamarca. Su larga cabellera blanca parecía emitir un leve resplandor ante mí.

- ¿Está mal verdad? - dijo Druna cogiendo mis dos manos sobre la mesa con sus calientes palmas sobre las mías.

- Si Druna, he venido a buscaros a vos por si me podéis ayudar a salvarla. - dije mirando a aquella mujer como mi única esperanza. Parecía leer mis pensamientos.

- Veré qué puedo hacer por vuestra madre la reina, pero antes debo deciros algo importante. - dijo Druna.

En la mesa tenía un pequeño saco con unas runas que disponía a volcar sobre la mesa. Habría unas seis o siete, todas ellas con símbolos celtas. Las cogió con sus manos y las dejó caer ante mí de forma desordenada.

- Hace tiempo princesa Hanne quería anunciaros de un peligro que se acercará por el mar y que solo vos tenéis el poder para evitarlo, solo vos... Es lo que me dicen los dioses y observo que me lo vuelven a comunicar. - dijo la mujer sin levantar la vista de aquellas piedras.

- ¿Viene por mar ese peligro? Estamos amenazados ante una posible llegada de dos navíos repletos de mercenarios y piratas pagados por la corona británica para invadir este lugar. - dije a Druna buscando su respuesta.

- Princesa Hanne, solo veo en estas piedras que vos sois la única esperanza para que no se derrame sangre inocente en Skagen. Todos moriremos si vos no lo impedís, solo vos. - dijo levantando la vista seriamente.

- ¿Yo Druna? Pero si solo soy la princesa. No sé a qué se refiere. No tengo poder ni capacidad para decidir en este reino. - dije desconcertada a Druna.

- Querida princesa, los dioses nunca me han mentido y creo que esta vez tampoco lo harán. Debemos ir a ver a la reina, no podemos perder más tiempo. Presiento que está mal. - dijo Druna levantándose de la mesa con prisas. Recogió varias muestras de hierbas que puso en un pequeño saco.

Me quedé sentada pensando en la predicción que Druna me desveló en la tirada de las runas. Yo no sabía que podría hacer para impedir esa maligna masacre que le reflejaban aquellas extrañas piedras. Pensé que la interpretación de aquella visión podría ser de un posible futuro lejano de Dinamarca, pero en aquellos momentos era imposible que yo pudiera impedir aquella matanza.

Salí detrás de ella camino de palacio. Druna iba con andares decididos ante la mirada de los aldeanos que no daban crédito de ver a la bruja de la aldea junto a mi camino de palacio. Recuerdo que se le acercaban algunos niños y les acariciaba la cabeza dándoles consejos para su futuro. En una de las paradas de fruta que estaba en nuestro camino vimos a Fiona con la pequeña Hanne.

Druna giró su cabeza acercándose a mi oído en el momento en el que yo saludaba a la pequeña Hanne y me susurró al oído:

- Ese es el futuro de Dinamarca. - dijo como si supiera la descendencia de la pequeña Hanne.

Estábamos llegando a la puerta de palacio ante la mirada de los soldados de la entrada que de forma agresiva cerraron el paso a Druna a su interior.

- Lo sentimos Princesa pero Druna no puede entrar en palacio por orden del rey. - dijo el soldado.

- Os ordeno que dejéis pasar a Druna, viene a ayudar a nuestra reina, soldado. - dije indignada a escasos centímetros de su cara.

- Princesa Hanne, no puedo dejar pasar a esta mujer por orden del rey. - dijo el soldado impasible.

En ese instante desde la estancia interior salió Argus viendo el incidente de la entrada.

- ¿Qué sucede? - dijo Argus al soldado.

- ¡Mi capitán! He negado el paso a esta mujer. Mi rey ordenó prohibir que esta bruja entrara en palacio. - dijo el soldado a Argus.

- Bien hecho soldado. Ya has escuchado vieja Druna aquí no eres bien recibida. - dijo Argus mirando a aquella mujer.

- ¡Argus! Te ordeno que la dejes pasar, ¡ella puede ayudar a nuestra madre, la reina! Dejadla pasar. - dije nerviosa cogiendo de la mano a Druna.

- No entrará Hanne, debemos cumplir lo que el rey dictó, esta bruja apestosa solo puede traer más problemas. - dijo Argus.

- Capitán Argus, veo en vos la herida sin cicatrizar de la muerte de vuestra esposa instalada en vuestro corazón. Ese dolor está oscureciendo tanto su alma que se está tornando tan negra como la oscuridad de la noche. - dijo Druna sin rencor.

- ¡Vieja apestosa y mal oliente! Lárguese de aquí o mando a la guardia que la eche a patadas. - dijo Argus alzando su mano hacia ella.

- Como toquen a esta mujer, juro que no entraré más a palacio en mi vida. - dije poniéndome delante de Druna ante la mirada agresiva de los soldados de la entrada.

- Princesa Hanne, cálmese. - dijo Dagmar viendo la tensa situación.

- No entrará Hanne. ¡Llevad a esa mujer a su casa, soldados! No quiero verla por aquí. - dijo Argus entrando otra vez en las estancias de palacio.

- Druna, lo siento. ¿Puedo hacer lo que vos me digáis por ella? - dije a Druna.

Ella puso una de sus manos en mi cara acariciándome como lo hacía a los niños.

- Princesa Hanne, vuestra madre la reina mañana partirá muy pronto con los dioses. Yo solo le habría quitado el sufrimiento antes de su marcha, los designios del destino están marcados y yo, Druna, no los puedo cambiar mi querida Hanne. - dijo Druna ante mi tristeza.

- ¿Druna, por qué mi padre no os deja entrar? - dije a Druna sintiendo su caliente y madura mano en mi rostro.

- Tu madre antes de partir quiere desvelarte algo, entonces Hanne sabrás el por qué.

La anciana Druna caminó sola hacia su casa. No quiso que le acompañara ningún soldado. Subí rápidamente al aposento de mi madre, necesitaba estar a su lado. Las palabras de Druna me dejaban claro que ella no habría podido hacer nada por la reina Astrid. Solo quedaba esperar su predestinada muerte que acechaba como un invisible animal fantasmal.

Capítulo 5

La habitación de la reina olía fuertemente a hierbas medicinales aquella noche. Había pasado muy mal día. La vida se le escapaba de las manos por momentos. Yo estaba a su lado, estábamos solas. Los médicos dormían en un aposento junto a la habitación de la reina. Nos iluminaban dos velas a cada extremo de la cama, con una luz amarillenta que reflejaba nuestras sombras en el otro extremo de la habitación como dos duendes. Mis ojos se cerraban continuamente. Hasta que caí rendida en uno de los extremos de la cama junto a mi madre. Notaba su triste respiración y aquel aliento febril y caliente.

- Hanne hija mía. - dijo la reina en aquel silencio de la madrugada.

Abrí mis ojos para observar la mirada de mi madre frente la mía en aquella almohada en la que estaba tumbada.

- Sí madre, estoy aquí. - dije.

- Debes ser fuerte Hanne, todo va a ser diferente a partir de ahora. - dijo Astrid de forma dificultosa.

- Mañana llegará un gran doctor de Noruega, se pondrá bien madre. - dije intentando animarla, pero denoté que ella sabía muy bien que su partida estaba cercana.

- ¿Sabes por qué te gusta tanto el mar hija mía? - dijo con un gran esfuerzo.

- Sí madre, porque desde muy pequeña me paseabas por las costas de Skagen. - dije con una sonrisa.

- No hija, tengo que desvelarte un secreto que nunca te he podido confesar y es algo que aconteció tras tu nacimiento. Debes saberlo y creo que ahora es el momento Hanne. - dijo con los ojos tristes.

- Decidme madre - dije atenta y relacionando sus palabras con lo que Druna quiso decirme.

- ¿Recuerdas que se te dijo que naciste en alta mar, a la vuelta de un viaje que hicimos a Noruega?

- Sí, se me dijo que nací en un gran navío a vuestra vuelta de Noruega y que no lo pasaste muy bien en el parto. - dije recordando esa historia.

- Hanne es cierto, naciste en ese barco de vuelta de Noruega, pero lo que no sabes es lo que pasó tras tu nacimiento hija mía. - dijo mi madre dejando ver sus lágrimas que caían por sus pómulos.

- Madre, no lloréis. Sé la historia, no hace falta que hablemos de ello, fue un parto difícil, pero no estéis triste por ello. - dije intentando calmar a la reina.

- Hija, aquella noche tu padre estaba borracho. Estuvo con los altos mandos del navío en el compartimento de oficiales militares mientras yo estaba pariendo entre la vida y la muerte. Cuando naciste, al enterarse que había nacido una hembra, entró en mi camarote totalmente ebrio echando a patadas a mis cuidadoras y al doctor que me asistió, para arrebatarme el cesto de madera donde tú estabas. - dijo Astrid llorando desconsoladamente y cogiéndome la mano.

- ¿Y qué paso?

- Hija mía, tu padre tiró el cesto contigo dentro por la borda en plena madrugada al mar. - Confesó la reina entre lágrimas.

Me levanté de la cama mirando a mi madre como si una parte de mi interior se hubiera roto en pedazos.

- ¿Madre eso es cierto? ¿Y qué paso? - dije totalmente desconcertada.

- Los marineros y todo el personal del barco te estuvieron buscando en alta mar durante toda la noche. No se veía nada, la luna estaba tapada por las nubes. Por suerte estábamos a pocas millas de las costas de Skagen. Tu padre al despertar de aquel estado lloró como un niño suplicando a los dioses que te entregaran otra vez con vida.

- ¿Madre qué fue de mí? - dije intrigada.

- A la mañana siguiente una mujer de la aldea de Skagen te encontró en la orilla de la playa que visitas tú cada mañana. Supo que eras tú, por las ropas que llevabas y por las iniciales reales del cesto de madera.

- ¿Quién era esa mujer madre? - dije con curiosidad ante aquella historia.

- La bruja de la aldea, Druna. Ella me entregó otra vez a mi pequeña Hanne. - dijo con una sonrisa debilitada por el cansancio.

- ¡Madre! - dije abrazándola fuertemente sin poder soltarla y rompiendo a llorar. Era lo que mas quería en mi vida, la reina Astrid. Mi madre la reina de Dinamarca.

- Fue un milagro hija mía. El mar de Dinamarca cuidó de ti aquella noche. Las olas del mar se apiadaron de la futura reina de Dinamarca entregándola otra vez a tierra. - dijo Astrid a mi oído.

- ¿Y qué pasó con Druna? ¿Por qué le prohibió el rey el acceso a palacio? Ella me salvó la vida. - dije a mi madre buscando una explicación.

- Aquella mujer quiso verme, pero tu padre prohibió su presencia ante mí. Nunca quiso que el pueblo de Dinamarca se enterara de lo que hizo aquella noche tirándote al mar.

La reina durmió plácidamente aquella noche después de aquella triste confesión que nunca se me explicó en la infancia. Otra historia oscura que descubría de mi padre el rey Erik III. Me aterraba aquel hecho; pensar que había pasado tantas horas nada mas nacer en aquel cesto de madera en alta mar. En ningún momento las olas volcaron mi cesto. Mi mágica relación con el mar empezó desde aquel día. Pero no dejaba de causarme tristeza el hecho de que mi padre me tirara en plena mar. No lo odiaba, pero en aquel breve espacio de tiempo empezaba a descubrir como era realmente. Sabía que nunca me aceptó, el quería un varón.

Desperté por la mañana con el alboroto de las cuidadoras de mi madre que no paraban de entrar y salir de la habitación. Los médicos debatían entre ellos las últimas esperanzas de vida que podían ofrecer a la reina Astrid. Salí de la habitación en dirección a mi aposento cuando me crucé con Dagmar que llevaba consigo unos documentos a la sala de oficiales.

- Mi princesa ¿Cómo habéis pasado la noche con la reina? - dijo Dagmar con preocupación.

- Mal Dagmar, mal. Este palacio muy pronto llorará su pérdida.

- Lo lamento Hanne, pero... ¿Sabéis lo de los barcos de ayer? ¿No le han dicho nada? - dijo Dagmar bajando el tono de su voz.

- No Dagmar, ¿ya están aquí?

- Ayer los vigilantes de las rocosas, antes del anochecer, divisaron dos barcos en la lejanía pero les perdieron el rastro a las pocas horas de caer la noche, hacía muy mala mar y el viento era terrible según dicen. Creemos que no eran ellos, serían mercantes.

- ¡Mantenedme informada! - dije poniendo mi mano en su hombro.

- Así lo haré mi princesa Hanne. - dijo Dagmar retomando su camino en aquel largo pasillo.

El silencio de mi aposento me permitió tumbarme unos instantes para descansar de aquella dolorosa noche junto a mi madre, pero el descanso duró poco tiempo, se abrió la puerta de mi habitación con estrépito, apareciendo mi hermano Argus con la fatal noticia.

- Hanne, madre ha muerto. - dijo con una expresión de dolor poco común en él.

Mi corazón se retorció como la tormenta más salvaje de los mares del norte, despertando en mí la tristeza más profunda que los dioses me otorgaban esa mañana en mi vida. No podía respirar, el aire de palacio me asfixiaba, necesitaba salir en busca del único alivio que conocía en mi vida: el mar. Salí corriendo entre el personal de palacio sin pararme a escuchar sus condolencias hasta llegar a la puerta de entrada donde Dagmar estaba con la guardia. Parecía poseída, me quemaba la vida por momentos. Me paré delante de Dagmar con la expresión más triste que el jamás observó en mí. Él sabía que la reina Astrid había fallecido.

- Dagmar, hoy iré sola a la playa, por todos los dioses nórdicos juro que si venís con la escolta nunca más os hablaré.

Dagmar no articuló palabra, me dejó pasar como si ante él un espectro se hubiera plantado. Vio el dolor salir de mis ojos dilatados en lágrimas, lo entendió, era un buen amigo. Corrí por el angosto camino de tierra que me llevaba a la costa gritando de rabia por el destino final que la vida ofreció a mi madre. La lluvia en ese instante hizo su presencia como un invitado casual. Aquel día se volvió gris. Las frías gotas de la lluvia mojaban mi camisón blanco dejando a la vista la figura frágil de mi cuerpo. Perdí una zapatilla por el camino pero mi dolor no me permitía la modestia de volver a por ella, estar cerca del mar era mi antídoto a esa tristeza.

A lo lejos ya divisaba la playa. El mar estaba enfurecido, las olas rompían con las rocas como rayos violentos de furia. El viento cada vez era más fuerte, el dios Eolo quería ser también partícipe de aquel momento tan triste para mí. Llegué a la orilla de la playa mojando mis pies en las heladas aguas y me arrodillé a implorar a todos los dioses por mi madre. Mis lágrimas se mezclaban con las olas que rompían en mis rodillas y mis manos se clavaban en el fondo de la arena buscando alguna señal de la madre tierra.

- ¡¿Por qué ella?! Odín ¿Por qué? - Grité arrodillada ante aquel salvaje paisaje en movimiento de la diosa naturaleza. El frío me abrazaba con su helado aliento en aquella mañana tan gris.

- ¡Ayudadnos! Dioses de la tierra, ya tenéis a la reina pero os pido clemencia, no quiero que Dinamarca sufra una guerra, no quiero que se vierta más sangre inocente, hacedlo por mí, nunca os he fallado. - Grité hasta la saciedad como nunca lo había hecho, no me quedaban fuerzas. Empecé a sentir el frío instalado en mi cuerpo, temblaba mucho, mi respiración se agitaba cada vez más, tan solo llevaba aquel camisón empapado por la lluvia, lo sentía aferrado a mi cuerpo como un recuerdo perpetuo.

- ¡Dadme una señal! ¡Os lo ruego! ¡Os lo ruego! - Grité con el llanto instalado en mi alma como una espada ardiendo entre mis manos.

Me quedé de rodillas entregada a las manos del destino, con la mirada perdida en lo lejano del infinito horizonte, esperando que Odín desde su trono en los cielos me observara rota, triste, confusa, vacía...

Pero Odín no contestaba....

De repente los dioses me dieron su respuesta. A lo lejos observé como las olas llevaban lentamente hacia la orilla algo que no podía distinguir claramente. Me levanté con dificultad y caminé con algo de temor hacia esa parte de la playa para ver qué era aquello que traían las olas. ¿Era una señal? Tiritaba del frío cada vez más. A medida que me iba acercando pude observar que era el cuerpo de un hombre. Efectivamente era un hombre que flotaba boca arriba moribundo a poca distancia de la orilla. Era un hombre con las ropas destrozadas y parecía inconsciente. Levantó su mano sin fuerzas pidiéndome ayuda pero me era imposible socorrerlo. El pánico al agua me prohibía el poder hacerlo. Veía como el hombre iba perdiendo las fuerzas luchando por no ahogarse mientras el mar se lo iba llevando hacia sus oscuras entrañas. Se iba a ahogar ante mí. Me sentía insensible allí de pie.

El dolor que yo tenía instalado en esos momentos en mi corazón pudo enmascarar mis miedos más ocultos. Ya no me daba miedo morir ahogada sino era en ese momento sería en manos de aquellos piratas irlandeses. Cerré los ojos apretando los labios y sin pensarlo dos veces me adentré en el mar. El miedo iba creciendo a medida que iba avanzando mar adentro, pero debía socorrer a aquel hombre. El agua me llegaba a las rodillas, nunca había estado tan dentro del mar, me temblaba todo. A medida que iba avanzando, el frío era más intenso e insoportable. El agua ya me cubría el ombligo. Estaba ya muy cerca de aquel hombre. El intenso oleaje me hacía tragar bocanadas de agua salada, ello dificultaba mi frenética respiración que crecía a medida que me aproximaba a su cuerpo. Me armé de valor y di mi último paso hasta cogerlo por sus hombros con las pocas fuerzas que me quedaban. El agua me llegaba al cuello. Pero curiosamente no tenía miedo, mi único pensamiento era sacar aquel hombre de allí.

Mientras lo llevaba hasta la orilla observé con detalle su vestimenta. Parecía un pescador o tripulante de algún mercante. Su melena era larga y castaña. Sus ojos marrones no dejaban de mirarme, estaba mareado. Parecía un hombre fuerte y muy curtido por el mar. En uno de sus brazos tenía el tatuaje de una estrella, me llamó la atención. Su camisa blanca estaba hecha trizas y tenía una herida en una de sus piernas.

Cuando ya llegamos hasta la orilla llegaron unos cuantos pescadores que iban a tirar sus redes a las rocas cercanas como todos los días.

- Princesa Hanne, ¡estáis helada! Podéis enfermar. - dijo uno de ellos poniéndome uno de sus mantos en mi espalda.

- ¿Quién es este hombre mi princesa?

- Debe ser un pescador o mercante. Ha aparecido de la nada a pocos metros de la orilla, le he tenido que socorrer. ¿Le conocéis?

- No nos suena su cara mi princesa. Conocemos a todos los pescadores de la zona, pero a este hombre es la primera vez que le vemos. ¿Lleva mucho rato inconsciente? - dijo el pescador tapando al náufrago con otro manto de uno de sus acompañantes.

- Sí, lleva inconsciente desde que le saqué del agua. ¿Os podéis hacer cargo de él? Yo debo volver a palacio.

- No tenemos espacio para alguien más en casa mi princesa, somos gente humilde, pero si queréis le podemos dejar en esa casa que está abandonada en el montículo de la playa. Nosotros le proporcionaremos ropa y comida no os preocupéis. Este hombre solo necesita reposo y quitarse el susto de encima, quizá ha caído del barco en el que viajaba. - dijo el hombre masajeando al náufrago.

- Está bien, dejadlo allí y cuidad de él. Yo he de volver a palacio. - dije amarrando con fuerza la manta a mi cuerpo.

En ese instante aquel hombre abrió débilmente sus ojos ante nosotros, cogió débilmente mi mano. Me lo quedé mirando, sentí por su mirada que me estaba dando las gracias por haberle salvado la vida.

- ¿Cómo estáis? - dije arrodillada mirando sus ojos marrones que no dejaban de mirarme. Me hizo una leve sonrisa pero volvió a caer otra vez inconsciente.

Volví a palacio acompañada por dos de los pescadores que gentilmente se ofrecieron a velar por mi seguridad en aquellos desiertos caminos. Aquella mañana había cambiado mi vida por todo lo acontecido. La muerte de mi madre era un duro golpe en aquellos momentos para Dinamarca, pero todos debíamos ser fuertes por lo que podía acontecer en esos días en el norte del país. Mientras caminaba a palacio no podía borrar de mi mente la imagen de aquel náufrago... "*El hombre que vino de las olas.*"

Capítulo 6

Toda Dinamarca lloraba la fatal pérdida de la reina Astrid tras correr la noticia por todos los rincones del país. Las banderas ondeaban tristemente a media asta en todos los rincones del país. Los aldeanos tras conocer la noticia se amontonaban en las puertas de palacio rezando y dejando ofrendas para que la reina descansara en el reino de los cielos.

El capitán Argus tomó la decisión de cerrar la puerta amurallada que daba acceso a la aldea y a palacio para así proteger a todo el mundo del posible ataque de los piratas mercenarios pagados por la corona británica.

Ello implicaba que mis visitas matinales al mar fueron prohibidas también. Los rumores sobre aquel destacamento de asesinos a sueldo pagados por los ingleses ya no era un secreto para nadie.

El miedo se respiraba en cada rincón, en cada mirada, en cada hora que pasaba. La guardia dobló la vigilancia en los altos torreones día y noche. Un viejo pescador dijo haberse cruzado con su pequeña embarcación con un par de carabelas con bandera irlandesa el día anterior. Ello puso en alerta a todas las dependencias militares del palacio de Ejnar.

Al mismo tiempo en Copenhague la tensión bélica cada vez era más latente, Dinamarca no aceptaba la rendición y la corona británica se preparaba estratégicamente para una inminente guerra absurda. Todo estaba preparado.

El rey Erik III recibió la noticia de la muerte de la reina al día siguiente gracias a las palomas mensajeras. Dio la orden de no celebrar ningún funeral en honor a la reina por lo que su cuerpo fue llevado al panteón de palacio dónde también descansaban los cuerpos de otros reyes. A su vez dictó la orden de dar todo el poder al capitán Argus por encima de otros oficiales de mayor rango para defender el palacio de Ejnar y el norte del país.

Me encontraba en la habitación de la reina viendo como la vestían cuidadosamente para ser llevada al panteón. Le pusieron un largo vestido rojo de seda con adornos florales. En sus manos atesoraba un ramo de flores blancas. Su pelo recién lavado y liso sostenía la corona de oro que tantas veces había llevado puesta desde que yo era pequeña hasta ese momento. Su expresión facial me transmitía paz, no podía dejar de mirarla, estaba bellísima. En el exterior de la habitación solo se oían las voces de Argus y los oficiales conversando sobre los temores del desembarco enemigo. Sus voces cada vez eran más altas y profanaban aquel humilde respeto que se merecía mi madre. Abrí la puerta de la habitación bruscamente.

- ¿Es que no sabéis respetar la muerte de la reina?, os pido que os vayáis a otra parte. Debéis un respeto a la persona que yace en esa habitación. - dije con los nervios a flor de piel.

- Perdonad princesa Hanne, debéis de entender la difícil situación en la que nos encontramos. - dijo un oficial.

- Solo os pido respeto y silencio. Marchad, por favor.

- Hanne, como sabrás el rey Erik III me ha otorgado todo el poder en esta zona del país. Debo anunciarte hermana, que tus paseos matinales ya no van a ser posibles desde hoy. Cómo sabrás, ayer un pescador vio las dos embarcaciones de Donovan. - dijo el capitán Argus con gesto preocupado.

- Argus, te ruego que retires lo que acabas de decir. Acepto mi propia responsabilidad si me sucede algo en la playa de Skagen, no hace falta que me ofrezcas tu escolta, aquí es más necesaria, pero te ruego que no me prohibas ir a la costa.

- Princesa, allí corre peligro. No podemos permitir su salida de palacio, el Rey Erik nunca nos perdonaría si a vos os sucediera algo. - dijo el oficial de la guardia sin mirarme a los ojos.

- Capitán Argus nuestra madre en breves momentos va a ser llevaba al panteón del sótano, no tengo tiempo para vos y vuestros hombres. - dije cerrando la puerta de un portazo asustando a las cuidadoras que estaban vistiendo a la reina.

La reina fue llevada al panteón real rodeada de todos los altos cargos y nobles del lugar en una humilde ceremonia religiosa. Argus y yo estábamos en primera fila viendo como la reina era puesta en un sarcófago de mármol.

El panteón era un lugar muy húmedo y frío. La poca luz apenas nos dejaba ver las caras. A pocos metros junto a la reina Astrid había dos tumbas mucho más antiguas de piedra de dos reyes que murieron en Skagen. El acto fue muy breve, nunca el entierro de una reina fue tan íntimo en Dinamarca, la situación en la que nos encontrábamos no permitía hacerlo junto al pueblo danés. Cómo se merecía mi madre la reina.

Llegada la noche recordé en mi habitación la aparición del fantasma de Agnnetta días antes. Su revelación fue cierta. Recordaba también las palabras de Druna afirmando que mi madre me tenía que decir algo muy importante, también sucedió así. Todo para mi era confuso pero real. Tan real como aquel hombre que vino con las olas al que salvé la vida, venciendo mi viejo miedo al mar.

Aquella noche me fue imposible dormir. El viento que se colaba por la ventana de mi habitación sonaba como una melodía fantasmagórica que me alertaba en la oscuridad. Me levanté en plena noche a beber agua de la jarra de mi mesa y con la copa en las manos observé por mi ventana como la luz de la Luna se difuminaba en el mar creando una majestuosa alfombra blanca de siluetas en movimiento que llegaba hasta la costa. Miré detenidamente en dirección a la lejana playa que veía a lo lejos y divisé una tenue luz en la pequeña casa del montículo donde resguardaron al náufrago. Nunca antes en mi vida había visto alumbrada aquella casa por la noche. Pensé en aquel hombre, allí solo, y en qué estado se encontraría.

Llegó el día y la peor noticia llegó con la primera luz. La batalla en la bahía de Copenhague había empezado.

Los barcos daneses según la información que recibíamos estaban aguantando a duras penas la invasión de los navíos británicos. Las pérdidas de barcos daneses y noruegos eran preocupantes. Todo el palacio estaba en alerta. Solo se abría la puerta del recinto a los soldados y campesinos que portaban alimentos.

Yo no podía salir del recinto pero tenía que hablar con Dagmar, él era mi única alternativa. Acudí al cuerpo de guardia de la entrada de palacio con ropas poco comunes para una princesa, allí había un gran destacamento de soldados de la guardia y entre ellos Dagmar. Yo llevaba un largo vestido gris tapado con una túnica oscura, apenas me podía reconocer la gente.

- ¿Dagmar podemos hablar un momento? - dije cogiéndolo de un brazo y apartándolo del grupo de soldados.

- Pero, mi princesa apenas os he reconocido ¿Qué hacéis así vestida? Parecéis una sirvienta de palacio. - dijo sorprendido.

- Dagmar tengo que salir del recinto, no quiero que se entere Argus, pero necesito salir, me falta aire en este lugar. dije mirando a Dagmar y ocultando mi rostro a los que estaban por allí.

- Hanne, no puedo, me juego el cuello. Me matarían por dejaros salir.

- ¿Quién sale del recinto hoy?

- Saldrá un grupo de soldados de inspección de la costa y los pescadores de la aldea.

- Dagmar, saldré entre el grupo de pescadores en el carruaje; no temas, todo será bajo mi propia responsabilidad. - dije a un confuso Dagmar que como de costumbre se rascaba la cabeza ante la indecisión.

- Pero princesa Hanne los pescadores no vuelven hasta mañana al alba. Argus se volverá loco buscándoos, nunca os lo perdonará.

- No temas por Argus, vos haced caso a vuestra princesa. - dije con una sonrisa a Dagmar.

Cuando caía la tarde Dagmar ordenó abrir el portón del recinto de palacio por el que salió el carruaje en el que yo iba junto a unos viejos pescadores que en todo momento pensaron que yo era una sirvienta de la fallecida reina. A medio camino me bajé del carruaje para proseguir por el camino que me llevaba hasta mi paraíso personal, el mar. Caminaba deprisa, llevaba un día sin sentir las olas cerca de mí y me parecía una eternidad.

Como siempre me descalcé en la orilla para caminar lentamente sobre la fría arena, dejando mis profundas pisadas en aquel ritual mágico de mi vida. El viento movía mi pelo vertiginosamente parecía feliz por mi presencia. Caminé bastante hasta divisar a lo lejos la casa del montículo donde estaba el náufrago. Mis pasos me llevaban en aquella dirección, mi curiosidad se aceleraba a medida que me iba acercando a aquella vieja casa.

Me encontraba muy cerca cuando de repente vi salir por la puerta a uno de los pescadores que me ayudó el día anterior. Se acercó a saludarme nada más verme, con una sonrisa en su curtido rostro.

- Mi princesa Hanne, que alegría veros otra vez de nuevo por aquí. Venís a ver al hombre que vino de las olas, ¿no?

- Sí mi amigo, vine a pasear y de paso hacer una visita a nuestro huésped desconocido.

- ¿Mi princesa es cierto que la guerra en el sur ha empezado? Escuché rumores esta mañana. - dijo el hombre preocupado y sosteniendo entre sus manos un capazo vacío de alimentos que debió traer al náufrago momentos antes.

- Sí, ayer de madrugada. Hoy llegaron las primeras noticias. Recemos porque termine pronto.

- Mi princesa, se me olvidaba, nuestro huésped curiosamente habla muy bien nuestra lengua. Por lo poco que he entendido es un escocés que cayó de su barco de pesca que vino a estas aguas. ¿Vos habláis su lengua?

- La estudié pero apenas la he practicado. ¿Así que es escocés? - dije sorprendida.

- Sí princesa Hanne, eso me ha parecido entender.

- ¿Qué tal está?

- Está muy débil aún, pero más estable. Tiene una herida en una pierna que aún le imposibilita caminar bien. Mi mujer le prepara comida que un servidor le trae una vez al día. Debemos ser hospitalarios los daneses ¿verdad mi princesa?

- Sí, así debe ser ¿Cómo os llamáis?

- Marcus para serviros. - dijo haciendo una reverencia.

- Bueno Marcus entraré un instante a saludar a nuestro pescador escocés.

Abrí la puerta y vi a aquel hombre sentado en la cama con una camisa blanca y unos pantalones oscuros de pescador prestados por Marcus. Su rostro era diferente, tenía más luz, la cabellera la llevaba recogida en una coleta. Sus ojos marrones me miraban intensamente y con cierta timidez. Hizo un gesto para levantarse y darme la mano pero su pierna se lo impedía, aun le dolía bastante. Su mirada me transmitía algo que para mí me era muy familiar. Aquel hombre había visto mundo por lo que veía en sus ojos y su piel curtida por el sol denotaba claramente que el mar también era su fiel aliado.

La casa solo tenía una habitación y en ella una vieja cama, una silla, un candelabro con cuatro velas y algunos utensilios de cocina por el suelo que Marcus había traído.

- Hola, habláis bastante bien nuestro idioma me ha dicho Marcus. - dije sentándome en la única silla en medio de aquel comedor abandonado.

- Si, la conozco, es una larga historia. Además me alegra ver que hayáis venido a verme, me salvasteis la vida. Estoy en deuda con vos. dijo él.

- ¿Qué os pasó?

- Salimos de pesca como siempre, pero nos aproximamos demasiado a las costas de Dinamarca, encontrándonos por sorpresa en la noche con una fuerte tempestad, que me hizo caer a la mar cuando recogíamos las redes desesperadamente.

- Estamos muy lejos de Escocia, es la primera vez que veo un barco escocés por estas aguas. ¿Debo creeros?

- Sí, Princesa Hanne - dijo con una sonrisa.

- ¿Os lo ha dicho Marcus que soy princesa? ¿Y ese tatuaje?

- Veo que vos os fijáis en todo; este tatuaje es la estrella guía de los cuatro mares, es como vos, me dais suerte.

- ¿Suerte? Si casi mueres ahogado... dije con una sonrisa.

- Sí, es suerte. Creo que es la primera vez en la historia que una atractiva princesa salva a alguien de las garras de Neptuno. Tuve suerte.

- ¿Cómo os llamáis?

- James.

- ¿Sabíais que estamos en guerra con los ingleses desde ayer? - dije con tono de preocupación y esperando ver su reacción.

- Sí- dijo cabizbajo.

- Aquí peligramos todos, incluso vos. La corona británica ha pagado a unos mercenarios asesinos para matarnos a todos en esta parte del norte del país. Capitaneados por un irlandés llamado Donovan ¿os suena?

- He oído hablar de él, yo estaría muy preocupado. - dijo intentando ponerse en pie.

- ¿Le conocéis? - dije poniéndome en pie también.

- Bueno, he oído algunas cosas sobre él ¿Qué queréis saber? - dijo intentando a duras penas llegar hasta la puerta.

- ¿Es cierto que es un asesino mercenario que mata mujeres y niños junto a sus piratas desalmados por unas monedas de oro? - Pronuncié sin dejar de mirarlo.

- ¿Decidme princesa qué diferencia existe entre un alto cargo de su país y un pirata? - dijo apoyando una de sus manos en el marco de la puerta mirándome seriamente.

La luz del sol en ese momento se reflejó en su rostro, haciéndome percibir en su mirada un dolor oculto que yo intuía desde el día que lo vi. Sus facciones denotaban cierto tono de tristeza pero su atractivo podía ser un arma perfecta para seducir a cualquier mujer.

Capítulo 7

Salimos de la casa del montículo lentamente hacia la orilla de la playa, era poca distancia, pero el dolor de la herida en la pierna de James hacía que nuestros pasos fueran muy cortos. A su lado sentía como si el tiempo se ralentizara, era extraño ya que apenas sabía quien era ese hombre. Esa sensación me gustaba. Se apoyó en mi hombro derecho con delicadeza. Podía sentir su fuerte respiración a mi lado. Iba pensativo y no pronunció ninguna palabra hasta que llegamos cerca del mar. Nos sentamos en la húmeda arena muy cerca donde mueren las olas.

- Así que sois princesa de Dinamarca.... - dijo dejando caer arena entre sus manos.

- Sí, además es la primera vez en 30 años que estoy con un desconocido en esta playa - dije observando como el miraba al horizonte pensativo.

- Pues yo podría ser un vándalo, un ladrón, un asesino...un pirata. ¿No tenéis miedo de mí? - dijo con una mirada pícara.

- No, no me causáis ningún temor. Incluso si fuerais un pirata o una de esas personas, no veo maldad en vuestro corazón, pero sí arrepentimiento. ¿Estoy en lo cierto? - dije intentando conocer el cauce de su tristeza.

- Princesa Hanne, todo hombre oculta cicatrices oscuras en su corazón y más si ha pasado gran parte de su vida subido a un barco.

- James, ¿realmente sois pescador? - dije mirando sus manos detenidamente.

- ¿Lo dudáis Princesa Hanne? - dijo James sentado con los pies cruzados a mi lado, con la mirada al frente.

- Sí, sois el primer pescador que tiene las manos sin apenas ningún rasguño o cicatriz. Si miráis las manos de los pescadores son un manojo de heridas e infecciones.

Se hizo un silencio extraño, James parecía meditar muy bien su respuesta. Cogió aire y giró su cabeza buscando mis ojos.

- ¿Qué creéis que debería ser yo Princesa Hanne? - dijo con una mirada triste pero tierna.

- Desde que os vi ahogándoos en el mar, sentí que erais el hombre que ahora no mostráis ante mí. ...Sois Donovan. - Afirmé bajando el tono de mi voz y con cierto temor volviendo mi vista otra vez al mar.

James se puso en pie con mucho esfuerzo y señalando con su mano derecha al océano que teníamos delante de nosotros, se dispuso a contestar a mi pregunta. Parecía que mi respuesta había abierto alguna herida oculta en su corazón.

- Hanne, ese mar que ven vuestros preciosos ojos es de donde vine. - Decía señalando el mar. - Allí en la inmensidad era una persona que no quiero recordar, pero cuando vos me sacasteis de las frías garras del océano hasta la orilla, sentí ser otra persona. Sí, soy ese mercenario asesino del que tantas leyendas se han escrito y que tanto horror ha causado en los mares de toda Europa. Podéis llamar a la guardia de palacio y encarcelarme, me entregaré. Estoy en vuestras manos princesa Hanne. - dijo poniéndose de rodillas ante mí con mucho esfuerzo y dolor en su pierna herida.

Me puse en pie con rabia para gritar en su rostro.

- ¿Ibais a matar a niños, mujeres y gente inocente de Dinamarca por un puñado de oro inglés? - Pronuncié con rabia y lágrimas golpeando su hombro.

- Mi barco naufragó ayer en alta mar en estas peligrosas costas. Una inesperada tormenta lo hundió estrepitosamente dando muerte a todos mis marineros. Soy el responsable de la muerte de más de cien hombres princesa Hanne.

- No habéis contestado a mi pregunta maldito Donovan ¿Habríais matado a toda esa gente incluyendo a mi familia y a mí?

- Mis hombres nunca habrían matado niños, ni mujeres, ni hombres de Dinamarca. Solo combatimos contra soldados u otros mercenarios pagados por el enemigo. Todas esas leyendas oscuras en referencia a mi persona, no son ciertas. - dijo Donovan con tono de desesperación.

- ¿Qué habría pasado conmigo y mi hermano Argus? - dije señalándole con rabia.

- Habríais sido entregados a la corona británica o custodiados en vuestro palacio con total respeto para reclamar a su padre el rey Erik III la rendición de Dinamarca. Nunca habría permitido que os pasara nada. Entre mis hombres había algún monstruo sin escrúpulos, pero nunca os habrían maltratado.

A lo lejos se empezó a escuchar el ruido de unos caballos que se acercaban velozmente en búsqueda de la princesa Hanne. Donovan se quedó inmóvil mirándome fijamente sin articular palabra. Los soldados de la guardia detuvieron sus caballos delante nuestro con la mirada puesta en Donovan.

- Princesa Hanne nos manda el capitán Argus. Os hemos estado buscando, la debemos llevar a palacio, aquí corre peligro. - dijo un soldado de la guardia sin bajar del caballo.

- Para hablar conmigo soldado os debéis apear del caballo, es una falta de respeto hacia una princesa.

- Yo solo obedezco órdenes del capitán Argus mi princesa, estamos en estado de guerra. Suba a mi caballo. ¿Este hombre quién es?

- Bien, veo que sois un soldado que acata con dignidad las órdenes de su superior, el príncipe capitán Argus, pero me temo que vuestra princesa necesitará todo un batallón para que vuelva hoy a palacio. Decidle a Argus que no tema por la princesa Hanne y que se limite a cuidar de la gente de Dinamarca como haría un príncipe honrado y no como el rey que en estos momentos nos gobierna.

- Princesa Hanne no tengo más remedio que subiros al caballo, en pocas horas caerá la oscuridad y se avecina una gran tormenta. - dijo el soldado con impaciencia.

- Hanne, ve con ellos, el palacio es vuestra casa. - dijo Donovan.

- No, me quedaré aquí esta noche en la casa del montículo, no deseo volver a palacio hoy.

- Mi princesa debemos marchar. - dijo impaciente el soldado.

- Soldado, decidle a Argus que aquí estaré a salvo esta noche, mañana volveré con los pescadores al alba.

- Informaré de sus palabras al príncipe y a vos, hombre extranjero, espero por vuestro bien que no le suceda nada a la princesa si no daos por hombre muerto. - dijo el soldado.

- Esta mujer está más segura conmigo que con cien soldados como vos. - dijo Donovan desafiante.

- ¿Quién sois vos para hablar así a un soldado de la guardia danesa extranjero? Por menos le podríamos cortar la cabeza. - dijo el soldado mirando detenidamente el tatuaje de la estrella de Donovan y sacando su espada.

- ¡Ohm qué miedo...! vais a hacerme temblar muchacho. Aprecio que vuestra espada apenas tiene muecas ¿la utilizáis para cortar las cosechas? - dijo Donovan como si del pirata más chulesco se tratara. Hanne lo observaba con curiosidad, estaba delante del Donovan que no conocía.

El soldado frunció el ceño mirando a la princesa que reía por las palabras de Donovan, retomando el camino de vuelta junto a los otros tres soldados.

- ¿Pero Donovan, dónde aprendiste nuestro idioma? - dije sorprendida por su acento.

- Hanne, mi amor al mar solo es comparable con las lenguas. Desde los catorce años estoy rodeado de marineros de todo el mundo que me han enseñado sus idiomas y sus culturas. Hablo varias lenguas.

- ¿Siempre sois tan desafiante y chulesco cuando hacéis de pirata? - dije con una sonrisa en la cara.

- Sí mi princesa, ese es mi defecto. - dijo apoyando su brazo en mi hombro entre risas. - Pero para seros sincero, ese soldado con cualquiera de mis compañeros habría muerto fácilmente.

Caminamos lentamente de retorno hacia la casa donde se hospedaba Donovan. El viento era más fuerte y la noche parecía traer consigo tormenta.

- ¿Por qué no me habéis entregado? - dijo camino de la casa.

- Porque veo luz en vuestro corazón, sé que no sois tan temible como cuenta la gente.

- ¿De verdad vais a pasar la noche aquí? Dormiré fuera de la casa bajo el toldo de la entrada, solo tenemos un sucio colchón.

- Donovan, llevo treinta años esperando dormir en este lugar, me da igual donde dormir, solo quería pasar la noche aquí y huir de mi fría habitación de palacio, me embargan los recuerdos de mi madre. Además vengo desde que tenía tres años con mi madre la reina Astrid a este sitio.

- Lo sé, me lo contó todo el viejo Marcus. Siento lo de vuestra madre, os doy mi mayor condolencia Hanne. - dijo Donovan parando en seco en nuestro camino y bajando la cabeza para besarme la mano.

- Gracias. Para ser un mercenario o un pirata sanguinario tenéis demasiada educación, querido James Donovan...

- Querida Hanne, soy irlandés no lo olvidéis. - dijo guiñándome un ojo cómicamente.

- ¿Y este pirata con corazón de delfín tiene esposa?

- Querida Hanne a mis cuarenta y cuatro años me han hecho más daño las mujeres que todas las heridas de guerra juntas. Nunca estuve casado, no habría sido un buen ejemplo de padre.

Horas más tarde la lluvia empezó a caer de forma brutal en todo el norte de Dinamarca. Los relámpagos no cesaban de descargar su furia y el viento soplaba tan fuertemente que levantaba la arena de la playa como si de un oasis se tratara.

Capítulo 8

En la sala de reuniones de palacio Argus debatía con los oficiales el posible plan estratégico de defensa de la zona costera, la inminente invasión de las tropas británicas o de los temidos mercenarios era cuestión de días. La confusión entre los asistentes era total, el número de soldados para la defensa era muy bajo, no podrían afrontar un desembarco enemigo de más de cien hombres. En medio de aquella tensa reunión llamaron a la puerta haciendo presencia, ante todos los presentes, el soldado de la guardia que encontró a Hanne en la playa.

- ¿Soldado alguna novedad en la búsqueda de la princesa? - dijo Argus levantándose de la mesa.

- Sí, mi capitán. La hemos encontrado junto a un hombre extranjero cerca de la casa abandonada de pescadores en la costa. - dijo el soldado cuadrándose ante Argus.

- ¿Un hombre extranjero?

- Sí, mi capitán. Su acento no era danés, aunque conocía bien nuestra lengua.

- ¿Cómo era ese hombre? - dijo Argus con interés.

- Era un hombre con ropas de pescador, llevaba un vendaje en una de sus piernas y poseía un tatuaje extraño de una estrella en uno de sus brazos. Además ha expresado palabras desafiantes a la guardia real, mi capitán.

- Bien y la princesa ¿está en palacio?

- No, mi capitán. Me ha comunicado que os diga que ha decidido pasar la noche en la casa cercana a la playa junto a ese extranjero. Mañana con el alba regresará a palacio junto a los pescadores.

- Retírese soldado y no hable con nadie de esto.

El soldado se fue de la sala con pasos firmes. Nada más cerrar la puerta los presentes empezaron a mostrar caras de preocupación.

- Capitán Argus, podría ser un bárbaro de esos. Esto concuerda con los restos de madera de barco que han encontrado hoy en las rocas de Dodmunt, a pocos kilómetros de aquí. Incluso han encontrado algunos cuerpos desechos por los cangrejos. ¿Podría ser uno de ellos?

- Señores mi hermana, la princesa Hanne, es una mujer rebelde pero posee un buen corazón. A esos sanguinarios nunca les habría dedicado ni un instante de su vida. Habría pedido ayuda a nuestros soldados de la guardia si hubiera sido uno de ellos. - dijo Argus pensativo.

- Pero resulta extraño capitán Argus y poco casual que ese hombre con acento extranjero, con el brazo tatuado y con actitud de rebeldía ante nuestros soldados aparezca en estos momentos en nuestras costas. ¿No os resulta extraño? Quizá sea un superviviente de los muchos que pueden andar ahora por estas costas de Skagen.

- Es cierto Almirante Franz, esta misma noche cuando la tormenta cese, mandaremos un destacamento de soldados para apresar a ese extranjero e interrogarlo aquí en palacio. Respecto a la princesa, ordeno que la vigilen día y noche con la prohibición de salir de este lugar. - dijo Argus golpeando la mesa.

En esos mismos instantes en la pequeña casa del montículo y bajo la luz de unas pocas velas, Hanne y Donovan comían el pescado cocinado por la mujer de Marcus. Estaban en el suelo sentados uno frente al otro. La lluvia en el exterior no cesaba y de vez en cuando los relámpagos adornaban con su luz todas las paredes de aquel desolado comedor abandonado. Donovan comía absorto en sus pensamientos; Hanne le miraba.

- ¿Qué pensáis? - dijo Hanne dando un sorbo a la copa de vino que compartían.

- Me acuerdo de mis hombres, con suerte alguno habrá sobrevivido, pero lo que realmente me preocupa ahora mismo sois vos, mi presencia aquí solo os puede traer problemas. Estáis ante una de las personas con peor reputación en el Atlántico. - dijo con la mirada perdida.

- ¿A qué se debe esa leyenda tan oscura que pesa sobre ti Donovan?

- Es una historia que solo alguno de mis hombres sabía, nunca la desvelé a nadie más. ¿Realmente os interesa saberla Hanne? - dijo Donovan clavando sus ojos en mí.

- Adelante. - dije mientras daba otro sorbo de vino.

- Bien, os explicaré brevemente mi vida. Nací en Irlanda. Me crié en las calles de Dublín como cualquier niño de familia humilde. Mi padre murió cuando yo solo era un recién nacido en manos de los ingleses, mi madre al quedar viuda me entregó en adopción a una anciana mujer de Donegal por no poder hacerse cargo de mí. Nunca supe nada más de ella hasta años más tarde cuando me enteré de su muerte en las calles de Dublín. Mientras mendigaba fue arrollada por un carruaje de mercancías en plena calle. - dijo Donovan con ojos vidriosos de tristeza.

- No sigas, no importa Donovan, dejadlo. - dijo Hanne cogiéndole la mano.

- En el 1800 cuando se realizó el pacto de acta de Unión con Inglaterra yo servía a la corona británica en uno de sus navíos como marinero. Allí conocí a la hija del gran almirante Wellington, ella solía navegar en alguno de nuestros viajes de instrucción invitada por su padre.

- ¿Conocisteis a la famosa hija del almirante Wellington? Creo recordar que se llamaba Suzanne. Llegaron voces hasta Dinamarca de su muerte. - dije Sorprendida. - ¿Qué pasó con ella?

- Mi origen irlandés hizo que me ganara la enemistad de la mayoría de soldados de mi embarcación, por ello sufrí miles de humillaciones y peleas constantes que me convirtieron en el hombre que veis hoy ante vos, pero lo más doloroso fue la muerte de Suzanne. - dijo con tristeza Donovan.

- Seguid Donovan- dije con total atención.

- Entre ella y yo nació un romance que tuvimos que ocultar en secreto desde hacía mucho tiempo. Éramos jóvenes, el amor en esas edades es algo tan puro como el brillo de esta vela. Una noche su padre, el Almirante Wellington, nos descubrió en su camarote en plena travesía cerca de Escocia. Esa noche en cubierta y ante la mirada de todos los presentes, a ella la azotaron con un látigo, la insultaron, la humillaron, le cortaron el pelo salvajemente como a un muchacho y la desnudaron ante aquellos malnacidos por el simple hecho de querer a un irlandés.

Hanne empezó a dejar caer alguna lágrima mientras escuchaba a un triste Donovan que parecía revivir aquellas palabras.

- ¿Qué pasó contigo James?

- Me azotaron hasta que quedé medio inconsciente, me desnudaron, me escupieron, me golpearon y me tiraron en plena alta mar para que muriera ahogado. Aún recuerdo los gritos de Suzanne al verme caer por la borda, enloqueció, sus chillidos se escuchaban a lo lejos mientras nadaba sin fuerzas en aquellas oscuras aguas. Luego tiempo más tarde supe que esa misma noche se suicidó en su camarote con una cuerda.

- Qué crueldad ¿y que pasó con vos?

- Fui recogido por un barco de mercenarios con los que pasé el resto de mi vida. Con ellos aprendí a luchar y a sobrevivir. Poco tiempo más tarde se dijo en Inglaterra que yo había matado a la hija del almirante, por ello se puso precio a mi cabeza.

- Entonces ¿nadie sabe que estás vivo? ¿Piensan que te ahogaste aquella noche?

- Cierto Hanne, yo no podía volver a pisar Inglaterra, ni Irlanda, y cuando lo hacía era en lugares inhóspitos.

- ¿Cómo supisteis que se suicidó?

- Me lo dijo su propio padre muchos años más tarde en los muelles de Londres.

- ¿Fuisteis a Inglaterra después de aquello?

- Pasaron los años y necesitaba saber que pasó con Suzanne. Esperé a su padre junto con mis hombres en un callejón de las viejas calles del puerto para vengarme por lo sucedido aquella noche y me lo explicó.

- ¿Lo matasteis? - dije mirando a sus ojos.

- No pude. No soy un asesino. Le dejé marchar a cambio de que no rebelara a nadie que sobreviví. Al poco tiempo supe que murió por una larga enfermedad. Y así es Hanne, desde entonces mi vida ha estado sometida al oficio de abordar barcos, robar mercancías para luego venderlas, ayudar a algunos países en pequeñas batallas en alta mar, liberar presidiarios, traficar con armas... Pero siempre con dignidad.

La lluvia cesó poco tiempo más tarde. El cielo borró cualquier nube del firmamento para dejar paso a una inmensa luna llena que iluminaba la costa de forma espectacular. Del palacio de Ejnar salieron veinte soldados de la guardia a galope tendido en dirección a la casa abandonada del montículo, con la orden de apresar a Donovan y retornar a la princesa Hanne a palacio.

Donovan se levantó del suelo del comedor con una sacudida de dolor en la pierna. Se puso el viejo abrigo que Marcus le había prestado y ante la mirada atónita de Hanne se disponía a marchar de la casa.

- Pero ¿James dónde vais? - dije poniéndome en pie.

- Princesa Hanne, lo que me ha enseñado estos años la batalla es justamente el saber cómo se comportan los ejércitos y sus oficiales. Vendrán a por ti esta noche e intentarán llevarme a la fuerza a vuestro palacio. El soldado de la guardia habrá informado de la presencia de un extraño extranjero que acompañaba a la desprotegida princesa. Debes aguardar aquí, no te preocupes por mí, Hanne. - dijo Donovan con una sonrisa y acariciando el hombro de Hanne.

- Te mataran si te encuentran - dije con preocupación.

Se hizo un silencio largo donde solo las miradas se comunicaban entre sí hasta que uno de los dos rompió el silencio.

- Moriría por vos Princesa Hanne. - dijo Donovan que tras terminar de pronunciar esas palabras se acercó hacia Hanne para besarla en su frente.

Donovan salió decididamente por la puerta perdiéndose rápidamente entre las extensas dunas de arena iluminadas por la luz de la luna llena de aquella noche.

Me quedé pensativa apoyada en la puerta, apenas sabía nada de aquel hombre que vino de las olas, pero desde su llegada a la playa un hilo invisible me ligaba a él de forma que ni yo misma entendía.

Sabía que posiblemente mi hermano Argus mandaría a sus soldados en mi búsqueda. Aguardé sentada en el porche de madera de aquella vieja casa hasta ver llegar a los jinetes de la guardia. Me llevaron a palacio y rastrearon toda la noche la costa en busca de Donovan. No lo encontraron.

Capítulo 9

La guerra en el sur del país estaba siendo encarnizada. La flota real británica hundía los navíos daneses y noruegos con extrema facilidad en aquellas aguas. Cada día perdían la vida en alta mar cientos de soldados que jamás volverían a ver a sus familias ni pisar la tierra que los vio crecer. Era una guerra perdida. Las presiones por parte de los altos mandos daneses para pedir la rendición al rey Erik III eran constantes, pero él no daba su brazo a torcer.

Suecia por su parte denegó la ayuda a Dinamarca en aquel conflicto. Las relaciones diplomáticas de los dos países no eran buenas en esos momentos por unas declaraciones despectivas del rey Erik III en referencia a la simpatía de su vecino por Napoleón.

Ese mismo día un emisario enviado por la corona británica entregaba un mensaje al rey Erik III ofreciendo tres días de tregua para que Dinamarca pensara en la rendición y no causara más bajas. El rey aceptó la tregua con desprecio e impotencia y tras firmar el acuerdo salió con un destacamento de soldados camino de Skagen.

Amaneció con la visita del capitán Argus llamando a mi puerta mientras aún estaba en la cama. Me levanté para abrirle tapándome con una manta que utilizaba la reina.

- Hermana Hanne, ¿a qué se debe el abandono de palacio? ¡Debiste comunicármelo! Además en compañía de un extranjero ¿estás loca? - dijo Argus con enfado. Su rictus era como el del Rey Erik.

- Lamento no habértelo comunicado Argus, acepta mis disculpas, pero te advertí que no me prohibieras mi salida a la costa de Skagen, te lo advertí. - dije con dureza.

- ¡Estamos en guerra Hanne! ¿No comprendes que corres peligro fuera de este recinto? Quiero que me hables de ese hombre de acento extranjero. ¿Qué hace en Skagen?

- Es un amigo pescador que suelo encontrar a veces por las mañanas ¿Por qué tenéis tanto interés en encontrarlo? No me ha hecho nada.

- Se encontraron en las rocas de Dodmunt los restos de lo que podría ser el naufragio de un barco enemigo. Podrían ser de uno de los barcos de Donovan, con lo que ahora mismo pueden estar escondidos en estas costas. ¿Sabes cuál sería la recompensa para ellos por cortarte la cabeza?

- Argus no me va a suceder nada. Solo te pido que me dejes salir a la costa hasta que las cosas se compliquen, entonces te doy mi palabra que me quedaré aquí día y noche, solo te pido eso hermano.

- Vas a estar custodiada día y noche en palacio Hanne, mañana llegará nuestro padre, está de camino y no quiero que te suceda nada. - dijo Argus queriendo terminar aquella conversación. Marchó cerrando la puerta de la habitación en seco.

¡No salí de mi aposento durante todo el día. Me sentía apresada ante aquella situación. Donovan estaba escondido en alguna parte de la costa, sentía la imperiosa necesidad de estar a su lado. Jamás había sentido esa sensación. Temía que fuera apresado por la guardia que vigilaba las costas pero Donovan era inteligente como un lince, eso me tranquilizaba.

Salí de palacio para visitar la aldea en busca de Druna. Necesitaba hablar con ella. Conmigo llevaba dos escoltas que Argus me había puesto día y noche. Uno de ellos era el que Donovan desafió en la playa.

Mientras caminábamos entre la multitud la gente me pedía que hablara con el rey Erik para que se rindiera y no murieran más hijos de Dinamarca. Les prometí a todos que tras la llegada del rey a Skagen me reuniría para pedirle yo misma lo que el pueblo quería.

Llegamos a la casa de Druna, su puerta estaba abierta, entré dejando a los soldados fuera. Estaba dormida en una mecedora junto a un pequeño fuego. La lechuza seguía inmóvil observando con el mismo gesto como la primera vez que la vi. Olía mucho a hierbas ese día la casa, Druna debió preparar algo para algún aldeano.

Me arrodillé frente a su cuerpo y acaricié una de sus manos intentando despertarla de aquel sueño. Abrió sus grandes ojos azules, mostrándome una sonrisa cansada.

- Princesa Hanne, sus ojos brillan de otra forma, no veo el mar en ellos, veo a un hombre querida amiga. ¿Qué os trae por aquí?

- Necesitaba hablar con vos. - dije estrechando su anciana mano.

- ¿Sobre él? - dijo con una sonrisa enigmática.

- ¿Os referís al hombre que vino de las olas?

- En efecto Hanne, os lo ha traído el mar para vos.

- Druna ese hombre es Donovan, es el mercenario irlandés contratado por los ingleses para apresarnos a mi hermano Argus y a mí para pedir la rendición, aunque he comprobado que su corazón es noble como el vuestro.

- Ese hombre al pisar esta tierra se ha convertido en otro hombre querida Hanne, podrá ganar mil batallas, podrá vencer mil ejércitos, podrá conquistar todos los continentes pero nunca podrá vencer lo que el siente ahora por vos.

- Recuerdo las palabras que me revelaste afirmando que yo podría salvar Skagen.... ¿Tiene que ver algo con la llegada del náufrago?

- Hanne, su llegada a estas tierras va a traer muchos cambios en tu vida y en la de los daneses. No debes temer nada, simplemente debéis seguir siendo fiel a ese corazón tan noble que Odín os otorgó.

- Pero Druna no sé de qué me habláis.

- Querida, el futuro os irá desvelando sus múltiples caras para que vos lo comprendáis, Druna ya es una bruja anciana que ve cercana la hora de partir a otra vida, pero vos princesa Hanne, debéis saber que este es el momento de ser la mujer más fuerte que necesita este país.

Pasaba el día rápidamente ante mis ojos, permanecía apoyada en el cristal de la ventana de mi aposento. El sol volvía otra vez a esconderse perezosamente entre las aguas oscuras y lejanas del mar del norte. Su mirada bucólica iluminaba fugazmente cada rincón de mi país y de mi extraño corazón en aquellos instantes. El ruido del viento que se colaba sigilosamente como un ladrón educado entre las hendiduras del ventanal, me ofrecía un singular silbido que para mis oídos ya era algo cotidiano. A lo lejos observaba la vieja casa del montículo de la playa, estaba otra vez desierta. No se apreciaba ninguna luz en su interior.

Mi cabeza era un océano en movimiento de pensamientos confusos y tristes. La muerte de mi madre la reina Astrid, la guerra que estábamos perdiendo irremediablemente, el incierto futuro que le esperaba a mi país y el temor de que se descubriera el paradero de Donovan eran mi mayor preocupación.

Como cada noche en mi diario personal anoté todo lo acontecido aquel día. Escribí sobre mi encuentro con aquel hombre medio muerto que trajeron las olas ante mí aquella mañana. Sentí que los dioses quisieron que aquel día fatídico en el que lloraba por la muerte de mi madre la princesa Astrid, la mar pusiera ante mí a un hombre extranjero como ofrenda a su fatal pérdida.

Sentía un miedo profundo por el riesgo de su vida. Sabía perfectamente que si los soldados de la guardia costera lo atrapaban sería torturado y ejecutado sin piedad.

El rey llegó con las primeras luces del alba junto a un gran séquito de soldados y campesinos que se sumaban a su paso por los caminos hacia Skagen. Parecían una extraña procesión de jinetes pálidos y desnutridos.

En palacio todo el mundo estaba tenso. La expectación por saber las noticias que acontecían en el sur se palpaba en la mirada de todos los que estábamos allí. El rey Erik III nada más bajar de la carroza ordeñó a su secretario reunir a todos los mandos militares y personalidades importantes en la sala de actos de manera urgente. No tuve tiempo de ver a mi padre a solas, ni cruzar un saludo, todo era demasiado urgente. Acudí a la reunión corriendo por los pasillos para escuchar a nuestro padre el rey tal y como se nos ordenó a su llegada. En esa reunión yo no tenía voz ni voto, era algo que nunca entendí de las leyes que regían ese tipo de actos.

El rey se levantó de su trono desde uno de los extremos de la sala para empezar su discurso. Su mirada era de preocupación e inquietud.

- Queridos camaradas, estamos sumidos en una guerra perdida. Cada día perdemos cientos de hombres en el sur del país. Nuestras embarcaciones están siendo abatidas en la bahía de Copenhague con suma facilidad. Su ejército es superior y la derrota es irrevocable. - Hizo una pausa con la mirada cansada hacia todos los presentes, emitió un profundo suspiro y cogiendo fuerzas prosiguió con su discurso.

- Yo el rey Erik III concedo a todos los presentes el poder de expresar su decisión para decidir si tras esta tregua ofrecida por los ingleses seguimos en guerra o aceptamos la rendición. Debemos tomar una firme decisión en esta reunión para nuestro país hoy mismo.

- Rey Erik ¿que sucederá si nos rendimos? Preguntó un alto cargo militar poniéndose en pie con cierto picor en las manos por el nerviosismo.

- Estaremos viviendo bajo la fuerte imposición y ordenanzas de la corona británica, seguramente seríamos encarcelados muchos de los presentes y nuestras riquezas serían requisadas.

- ¿Y si seguimos combatiendo? dijo un almirante de navío.

- Tenemos un ejército muy discreto comparado con el británico, podremos aguantarles algunas semanas, quizás con suerte un par de meses, pero la derrota por mar y tierra es inevitable. dijo el rey Erik mirando a los presentes con impotencia. Deben estar tranquilos y guardar la calma ¿Alguna pregunta más de los presentes antes de que tomemos una decisión conjunta?

- Sí, mi Rey, sabemos que una embarcación irlandesa repleta de mercenarios pagados por la corona ha naufragado cerca de estas costas. Quizás estén escondidos en algún lugar muy cerca de aquí parte de esos hombres. ¿Está informado de ello?

- Sí comandante Dhagen, me han informado de ello, he mandado doblar las guardias en la costa y prohibir rigurosamente las salidas de palacio sin autorización.

- ¿Mi rey cual es su deseo? Preguntó Argus mirando a los ojos de su padre el rey.

- Dejar el país en el navío escondido en Frederikshavn rumbo a Noruega. Se decida lo que se decida es lo que haré y quien quiera venir de los presentes tiene sitio en ese barco junto con su familia. dijo mostrando autoridad.

Las miradas de los que estábamos en aquella sala eran de total confusión. Nadie nunca hubiera imaginado una decisión tan humillante para el pueblo danés por parte de un rey.

- Pero mi rey y las gentes ¿Qué pasará con todas esas familias si caen en manos de los ingleses? dijo un mando de la guardia real.

- Deberán asumir la derrota como la asume su rey y con ello aceptar con dignidad lo que el futuro les otorgue.

Tras esas palabras no podía contener más mi ira, no tuve más remedio que saltarme el protocolo de silencio que imponían las ordenanzas, alzando mi mano ante la atenta mirada de los presentes que no veían de buen agrado mi intervención. Me puse en pie en silencio con mi mano levantada para que el rey me diera paso a intervenir.

- Querida princesa Hanne, usted no puede participar en este tipo de actos, ya sabe las leyes del protocolo, sois una princesa. - dijo el rey molesto por mi intervención y gesticulando para que bajara mi mano.

- Rey Erik entiendo que no pueda saltarme las doctrinas del protocolo, pero viendo la problemática en la que estamos inmersos le pido y le ruego dejarme exponer mi opinión en nombre de la reina Astrid y mío.

El silencio en aquella fría sala con olor a madera se hizo palpable en los presentes, el rey en sus entrañas razonaba una respuesta, sabía que el protocolo concedía a la reina voz y voto en aquella reunión.

- Bien princesa Hanne, le concedo el derecho de hablar en nombre de la fallecida Reina Astrid para que usted pueda hablar en su nombre, pero no tendrá el derecho a votación. Sea breve princesa Hanne.

- Querido Rey Erik III, lamento como muchos de los presentes el deseo de que vos quiera abandonar el país ante la derrota irreversible de Dinamarca ante la corona británica. ¿Sabe usted cual será el futuro del país? Pido la rendición con condiciones a nuestro enemigo para que no se vierta más sangre en estas tierras.

Capítulo 10

- La rendición sería una humillación para Dinamarca, nos instalaremos en el país de nuestro país aliado Noruega. No debéis sentir tristeza por las gentes de este país, ellos entenderán lo que su rey decida princesa Hanne. dijo el rey de forma dictatorial mirando a los presentes e ignorando mis palabras.

- Usted mi rey, no sabe lo que quiere el pueblo ¿ha bajado a la aldea y ha hablado con el pueblo? Quieren que cesen las muertes de más soldados daneses, hijos de esta patria! - Contesté nerviosa.

- Hanne, estamos perdiendo un precioso tiempo en una discusión sin sentido, la decisión esta tomada. Subirás a ese navío con destino a Noruega como está establecido. Demos por finalizada tu intervención.

- ¡Rey Erik III! Ruego que consulte con el pueblo esa indigna decisión, yo no subiré a ningún navío aunque usted me lo pida. Le pido por el honor de nuestra fallecida reina a usted y a todos los presentes que se consulte con nuestro pueblo el futuro de nuestro país. - Repliqué en voz alta con la mirada fija en los ojos del rey. Aprecié que se encontraba molesto ante mis ataques.

- Soldados de la guardia!! Acompañen a nuestra princesa a su aposento aquí ha terminado su intervención. dijo el rey señalando la puerta de salida. Dos soldados de la guardia muy amablemente me cogieron de la mano y me llevaron a mi habitación.

En aquella reunión se acordó ante todos los presentes la absurda decisión de seguir batallando en aquella fatal guerra. El sur del país estaba a pocos días de ser conquistado por tierra y mar por los ingleses, Noruega, nuestro aliado, no podía ofrecer más apoyo naval a Dinamarca, ya había perdido demasiados barcos en el conflicto y el número de soldados muertos ya era muy alto. Ello originaba que las tropas inglesas invadieran muy fácilmente el sur del país. Un gran destacamento de soldados volvía al norte del país para proteger el palacio de Skagen y de esa forma ofrecer resistencia al enemigo hasta que el rey y su séquito de acompañantes escapasen a Noruega en barco.

Encerrada en mi aposento sentí la imperiosa necesidad de salir de palacio en busca de Donovan. Sabía donde posiblemente se podría haber ocultado, en alguna de las casas de los ancianos pescadores de la costa. Podría estar en casa de Marcus con el que había entablado cierta amistad. De repente vino a mi cabeza una idea ingeniosa pero no menos peligrosa que me permitiría salir de palacio sin ser vista.

Sin pensarlo bajé a las caballerizas a por uno de los caballos que me fueron regalados por los príncipes de Noruega en una de sus visitas protocolarias. En las caballerizas estaban los jóvenes cuidadores cuidando de los caballos y limpiando las cuadras. Me saludaban atentamente ya que no estaban acostumbrados a verme por allí nunca.

- Princesa Hanne, que grata sorpresa su presencia aquí, - dijo tímidamente uno de los jóvenes cuidadores que se acercó a mi con un cepillo en la mano.

- Hola joven cuidador, ¿como os llamáis? dije algo nerviosa no quería que nadie me viera allí.

- Gulmar mi princesa. dijo esbozando una sonrisa.

- Me gustaría preguntarte algo Gulmar. ¿Es cierto que existe una puerta trasera en las cuadras que da acceso a otra salida de palacio? - dije sin mostrarle importancia, desde mi infancia solía oír rumores sobre esa puerta secreta.

- Sí mi princesa, da a la parte trasera de palacio desde estas cuadras, justamente está allí detrás. - dijo señalando con la mano a un montón de paja arrinconada en un extremo del establo.

- Se utiliza muy raras veces, solo para la entrada de grandes mercancías o por donde sacaban a los muertos en la antigüedad. Se mandó hacer en otros tiempos, cuando los brotes de enfermedades contagiosas causaban la muerte en Dinamarca. Se utilizó durante aquella época para sacar los cadáveres desde aquí y no por la puerta principal, después los enterraban en las fosas traseras de palacio, de esa manera el riesgo de contagio era menor.

- ¿Desde cuando no se abre esa puerta Gulmar?

- Desde que yo estoy sirviendo en las caballerizas nunca la he visto abierta mi princesa. Se necesitan por lo menos de cuatro hombres recios para mover sus maderas.

- Prepara mi caballo Gulmar y espérame delante de esa puerta hasta mi llegada. - Le dije a aquel joven mozo de la cuadra poniendo mi mano en su hombro. El chico no esbozó ninguna palabra y salió en busca de mi silla de montar para preparar al caballo.

Me adentré entre el bullicio de soldados en la gran dependencia militar donde allí descansaban y comían los militares. Algunos comían sentados en mesas repletas de platos con carne y jarras de vino, otros dormían tumbados en sucias camas. Sentía sus miradas clavadas en mí como también algún que otro comentario picaresco. Dagmar estaba limpiando una de sus armaduras ya oxidadas por el clima húmedo del lugar. Al verme llegar su cara de asombro se hizo notar.

- ¿Pero...mi princesa que le lleva hasta aquí?

- Dagmar, debes hacer caso de lo que te pida de ahora en adelante. Mírame a los ojos. - dije bajo la atenta mirada de los presentes y en voz baja.

- ¿Qué pasa mi princesa? - dijo con preocupación.

- Salgamos de este departamento debo confesarte algo.

Salimos rápidamente bajo la atenta mirada de los soldados, algunos me saludaban con respeto a nuestro paso otros mostraban indiferencia. La mirada de aquellos muchachos era de tristeza y cansancio. Apenas dormían y realmente sus fuerzas para combatir debían ser precarias.

- Dagmar debo salir de palacio hoy a caballo, es algo largo de explicar.

- Pero Hanne, está el rey en palacio ¡es imposible! Me cortarían la cabeza solo por dejarle salir.

- No voy a salir por la puerta principal, voy a salir por la antigua puerta trasera. ¿Sabías de su existencia?

- Sí, pero está vigilada día y noche desde la parte trasera por la guardia. Se enteraría todo el mundo Hanne. dijo un Dagmar preocupado rascándose la cabeza como de costumbre.

- No te preocupes Dagmar ¿Solo necesito a tres soldados de tu total confianza de la guardia y a ti?

- ¿Cómo? - Dagmar no daba crédito ante tal situación.

- Os debo confesar un secreto Dagmar, el rey quiere huir a Noruega y dejar el país en manos de los ingleses. No acepta la rendición y su séquito de altos cargos lo apoyan ¿Ahora comprendes cual va a ser el futuro de tu familia y el tuyo?

- ¿Princesa Hanne que tiene que ver todo ello con que usted decida salir de palacio? ¿Aún le quedan ganas de pasear en esa playa después de lo que me ha dicho? - dijo un Dagmar totalmente preocupado.

- No puedo hablarte de ello ahora Dagmar, se que no lo entiendes pero es urgente que salga de palacio ahora. Algún día lo entenderás. Han preparado mi caballo en la puerta trasera, te pido por favor que vengas con tres soldados para abrir aquella puerta y dejarme escapar, lo demás déjalo en mis manos.

- Está bien Hanne, confío en la luz que Odín puso en su corazón, me estoy jugando la vida por usted mi princesa pero si es por el bien de mi país y mi familia lo haré, ahora mandaré a esos soldados a esa puerta trasera y yo mismo subiré al puesto de guardia para hablar con el soldado que vigila para que no vea nada extraño en su salida, inventaré cualquier pretexto para que todo siga con normalidad.

- Gracias Dagmar, como princesa te concedo mi palabra de que tus gestos por mí nunca caerán en el olvido, tenedlo presente. - Abracé a Dagmar como si fuera mi hermano menor y salí corriendo hacia la oculta puerta trasera de palacio. Allí estaba Gulmar con mi caballo preparado. Era un precioso pura sangre de piel oscura que al notar mi llegada empezó a inquietarse, el animal salía pocas veces de paseo en aquella época, sabía que yo lo sacaría de allí.

- Gracias Gulmar, me has hecho un gran favor amigo mío, te pido que no comentes a nadie lo que vas a presenciar ahora ¿De acuerdo? Dile a tus compañeros que simplemente solo deseaba pasear anónimamente con mi caballo.

- Mi princesa por usted haría cualquier cosa, de mi no saldrá ninguna palabra se lo juro. dijo el chico haciendo una reverencia.

Poco más tarde llegaron tres corpulentos soldados que Dagmar mandó en mi ayuda, actuaron con total discreción y sin articular palabra. Con gran esfuerzo abrieron aquel gran portón de madera que tras tantos años permaneció cerrada detrás de un gran montón de vieja paja.

Monté con la ayuda de Gulmar a aquel inquieto caballo, hacía bastante tiempo que no montaba, quizás la última vez fue junto a mi hermano Argus cuando nuestra relación de hermanos era más llevadera. Salí al galope dejando el palacio a mis espaldas. Giré mi cabeza hacia atrás y observé a Dagmar desde el torreón del puesto de vigilancia como me levantaba la mano. Le respondí levantando mi mano en alto respondiendo a su gesto de complicidad mientras me iba alejando a gran velocidad por las desiertas laderas.

El viento helado acariciaba mi cara como la mar acaricia perpetuamente las rocas del mar de Skagen. Mis labios estaban totalmente cortados y mis ropajes eran insuficientes. El intenso frío impregnaba cada vez más todo mi cuerpo pero la intensidad de mis decisiones en aquel momento me volvían casi insensible. Solo me consolaba la sensación de calor en mis piernas que aquel caballo me otorgaba al rozar su vientre mientras trotaba sin descanso hacia las casas de los pescadores de la costa.

Era una pequeña multitud de casas viejas, muchas de ellas abandonadas, donde los pocos pescadores ancianos del lugar vivían desde hacía muchos años. Estaban algo alejadas de palacio. Mi temor mientras iba llegando al lugar era ser vista por los soldados de la guardia costera. Ello pondría en peligro a Dagmar, a sus soldados y a Gulmar.

El camino era desierto, no me encontré a nadie en aquellas largas rectas polvorientas. A mi izquierda estaba el mar observándome en todo momento, parecía el vigía de mi soledad. Las gaviotas se divisaban a lo lejos amontonadas en las dunas como si también estuvieran decidiendo su futuro para irse lejos de allí. La larga playa estaba desierta, me gustaba observarla, podía escuchar el sonido de aquel mar agitado junto con la respiración agitada de mi caballo. A lo lejos se empezaron a divisar aquellas humildes casas de pescadores.

Bajé de mi caballo frente a una vieja casa de la que salía humo por su chimenea para preguntar si sabían donde vivía Marcus. Piqué a aquella puerta de madera desgastada y grisácea hasta escuchar una voz desde el otro lado.

- ¿Quién va? dijo una voz anciana de mujer.

- Estoy buscando a Marcus el pescador, ¿Me puede decir cual es su casa amable anciana?

Se abrió aquella puerta lentamente hasta aparecer ante mí el rostro de una mujer muy mayor. La piel de su rostro estaba muy curtida por el clima de aquel lugar y sus cabellos eran blancos como la luna.

- Jovencita Marcus vive en aquella casa de allí delante pero debe haber salido a la mar. dijo la mujer observándome de arriba abajo.

- Gracias noble mujer me ha sido de gran ayuda.

- Jovencita, su cara me es familiar, pero mi vieja memoria no sabe reconocerla. dijo la anciana cogiendo una de mis manos.

- Amable señora, soy...la princesa Hanne de su patria Dinamarca he venido para comentar algo importante a nuestro amigo Marcus.

- Por todos los dioses ¡la princesa Hanne ha picado a mi puerta para visitarme...gracias Odín!! - La mujer clamó al cielo gesticulando con aquellas palabras. Quiso arrodillarse ante mí para hacerme una reverencia pero no acepté que lo hiciera por su tan avanzada edad. La verdad es que siempre vi en los corazones más humildes de Dinamarca la verdadera luz de la bondad.

Me acerqué hasta la puerta de la casa de Marcus. Era una casa algo más arreglada que la de la mujer anciana. Tenía las paredes de color amarillento y en uno de los costados un gato dormía plácidamente en un cesto de pesca. Al acercarme la mujer de Marcus, desde la ventana de la cocina me vio y abrió la puerta.

- ¿Usted debe ser la mujer de Marcus? dije ofreciendo mi mano que ella amablemente me estrechó.

- ¿Es la princesa Hanne? dijo con los ojos abiertos como platos y una sonrisa en los labios.

- Sí señora, pero debe decirme urgentemente donde está Marcus.

- Mi princesa ha salido como cada mañana con el grupo a pescar no vendrá hasta que se ponga el sol. ¿Qué le trae por aquí?

- Se lo quiero explicar ¿Puedo pasar?

- Pase mi princesa, está es su casa. - Pasé hasta el comedor de aquella humilde casa, me senté en una de las sillas viendo a aquella mujer mientras ponía leña en la chimenea para combatir el frío de aquella mañana. Ella se sentó frente a mí sosteniendo una madeja de lana en sus regazos con la que hacía algún ropaje para su marido.

- ¿Me gustaría saber si ha visto algún extranjero por estos lugares últimamente o hablando con Marcus?

- Espere que piense princesa Hanne. - Se tomó unos segundos pensativa.

- ¿Marcus le habló del hombre que naufragó en esta costa y al que llevó comida echa por usted?

- Sí, Sí... ahora recuerdo el estuvo por aquí ayer. - dijo de forma dudosa.

- ¿Estuvo aquí en su casa?

- Sí, vino a ver a Marcus pero no se de qué hablaron exactamente ya que lo hicieron fuera de la casa.

- ¿Después se fue? ¿Sabe donde se hospeda? - dije algo nerviosa.

- Se que le pidió algo a Marcus que no vio de buen agrado, pero al final negociaron y aceptó el trato - dijo la mujer de forma incómoda desaviando su mirada hacia la ventana.

- ¿Cómo se llama usted?

- Brida Harksen, mi princesa. - dijo la mujer con vergüenza y escondiendo su cara.

- Brida míreme a los ojos, se lo pide su princesa. dije acercándome a la cara de aquella mujer. Sabía que escondía algo en su interior. La mujer tímidamente puso su mirada en la mía con la respiración tensa.

- ¿Qué trato hizo ese hombre con Marcus?

- Tengo miedo no se si debo confesarlo. - dijo con mucha inquietud.

- Brida le obligo por el bien de todos que me diga de que negociaron en ese trato, debo saberlo es algo muy importante.

- ¡Ahorcaran a Marcus si se entera el rey! ¡O quizás le cortaran la cabeza! - dijo la mujer echándose las manos a la cabeza y empezando a llorar.

- No van a ahorcar a nadie si usted me hace caso Brida, es por el bien de Dinamarca. ¿Cuál era el trato?

- ¡Ese hombre podría ser un pirata mi princesa!! - dijo la mujer abrazándome y echándose a llorar.

- Lo sé Brida, lo sé.

Brida se calmó tras unos segundos, mientras se arreglaba el cabello echándoselo hacia atrás. Secaba sus lágrimas con un deshilado pañuelo que sacó de su pecho entre profundos suspiros. Finalmente se ofreció a desvelar el trato entre Marcus y Donovan.

Capítulo 11

- Marcus acordó con ese extranjero por unas cuantas monedas de oro el préstamo de su embarcación para ir hasta el pequeño islote de Krauss, tenia gran interés en ir hasta allí.

- ¿El islote de Krauss? ...Está a varias millas de aquí ¿cierto? - dije totalmente sorprendida.

- Sí mi princesa, zarparon ayer de madrugada en la pequeña barca de pesca de mi marido, yo misma les preparé algo de comida para el viaje. Marcus debería estar hoy de vuelta. Rezo porque ese hombre no le traiga problemas a Marcus - dijo otra vez volviendo a llorar.

- ¿Sabe algo más de lo que hablaron? - Le pregunté intentando aclarar mis dudas. No entendía la razón por la que Donovan tenía tanto interés en ir al solitario islote de Krauus. Es una pequeña isla desierta a varias millas de la costa en la que algunos marineros se apean para descansar durante los largos trayectos. Los albatros y las gaviotas son sus únicos habitantes. ¿Qué podría haber en aquel islote de interés para Donovan? - Pensé en mis adentros.

- Solo sé que aquel hombre fue muy respetuoso con mi esposo y tuvo muy buenas palabras para usted mi princesa.

- ¿Habló de mí? - dije sorprendida.

- Sí, le dijo que usted le salvó la vida y que jamás podrá olvidar cuando la vio aparecer en aquella playa. ¿Eso es cierto princesa Hanne?

- Sí, le saqué de las aguas medio moribundo, aunque mi querida Brida ese hombre venía con otras intenciones a Dinamarca.

- ¿Y que va a hacer ahora mi princesa?

- Debo ir hasta el islote de Krauss y hablar con el hombre extranjero ¿Sabe de algún pescador que me pueda acercar?

- ¿Cuándo necesita ir?

- ¡Ahora mismo! - dije poniéndome en pie.

Salimos de la casa de Marcus apresuradamente para hablar con uno de los pescadores que se encontraba cosiendo sus redes en la entrada de su casa. Le explicamos rápidamente la importancia del asunto y sin dudarlo dos veces aquel hombre se comprometió a llevarme al islote de Krauus.

Aquella mujer me prestó alguna manta para el trayecto, algo de comer y un pequeño puñal enfundado con dibujos de la mitología nórdica.

- Este puñal Princesa Hanne lo debe llevar, nunca se sabe en qué peligros una mujer como usted se puede encontrar en alta mar con los hombres.

- Gracias Brida, espero no tener que utilizarlo nunca. - Le comenté escondiéndolo en un pequeño bolsillo de mi vestido.

Seguidamente fuimos a caballo hasta el embarcadero junto con dos pescadores más que me ofrecieron su ayuda en aquel viaje. La mujer de Marcus se hizo cargo de mi caballo resguardándolo en un pequeño establo abandonado del lugar.

La mar estaba algo tranquila en aquellos momentos pero el frío era el peor enemigo a batir. Subimos en una embarcación de pesca que parecía ser la mejor conservada. Desplegaron las velas con suma facilidad ya que Eolo no cesaba de hacerse sentir. Salimos del embarcadero camino del islote de Krauss arrastrados por las bruscas ráfagas de viento que nos llevaban mar adentro con rapidez. El crujir de la vieja madera se hacía latente con el incesante oleaje que golpeaba nuestra vieja barca, ello me hacía sentir el temor de que la volcara. Aquellos pescadores no hablaban, solo miraban al horizonte, de vez en cuando comentaban algo entre ellos en referencia a la fuerza del viento. El suelo estaba mojado, se colaba el agua del mar por alguna madera quebrada. Mis pies los sentía totalmente empapados. Para ellos era algo normal toda aquella caótica situación en la que navegábamos, eso me daba tranquilidad. Empecé a notar como mi pelo empezaba a estar totalmente mojado por el agua que me salpicaba, decidí cubrirme la cabeza con la manta que aquella mujer me prestó. A medida que nos íbamos alejando más de la costa el mar parecía más enfurecido. Las olas esta vez chocaban con suma violencia en el casco de nuestra embarcación empapando con agua helada nuestros cuerpos. El balanceo de la barca se asemejaba a una mecedora vertiginosa. Permanecía agarrada a la madera con las manos heladas por el frío para no salir despedida hacia aquellas oscuras aguas que nos rodeaban. Aquellos hombres seguían impasibles, aquello era algo tan cotidiano en sus vidas, que en ningún momento vi el miedo reflejado en sus ojos.

Después de navegar entre aguas turbulentas durante bastante tiempo y estando a medio camino, llegó la noche con un remanso de paz que eclipsó la mar dejándola totalmente calmada. El viento apenas soplaba y nos movíamos gracias a los remos que aquellos pescadores empleaban sin descanso. A lo lejos una inmensa neblina ocultaba el islote de Krauss que bajo la luz de la luna llena le daba el aspecto de paisaje fantasmal. Estábamos cada vez más cerca del islote. El silencio era total. Solo el batir de los remos en el agua y el sonido de los crujidos de la vieja madera de nuestra barca era lo que se escuchaba.

- ¡Miren ahí viene Marcus! - dijo uno de los pescadores poniéndose en pie.

- ¡Sí! ¡Es él! dijo el anciano pescador que estaba justo a mi lado.

Bajo la neblina se apreciaba una pequeña embarcación con un hombre en ella del que no se apreciaba el rostro por la lejanía. Venía en nuestra misma dirección muy lentamente, quizás estaba alertado por nuestra aparición.

- ¡Marcus!! ¿Eres tú? - dijo uno de los pescadores. No recibimos respuesta.

- Seguramente el viejo Marcus se ha quedado dormido como de costumbre. dijo uno de ellos mientras contemplábamos como cada vez se veía más próxima su barca a la nuestra.

- Habrá bebido de ese maldito ron y se ha dormido...temible borrachín nunca cambiará. dijo uno de ellos para despertar las carcajadas de los demás.

En mis adentros notaba algo extraño en aquella situación, no era normal que un pescador con tanta experiencia como Marcus se quedase dormido en plena noche. ¿Y si no era Marcus?

A medida que nos íbamos acercando a la barca que venía hacia nosotros todo se tornaba sumamente extraño. Los pescadores dejaron de remar y la propia inercia de la corriente nos llevaba lentamente al encuentro con la barca de Marcus.

Estábamos ya a pocos metros cuando vimos que realmente era Marcus sentado en la parte trasera con los ojos cerrados. Nos llamó la atención al contemplar que las velas no estuvieran desplegadas ni que los remos estuvieran a la vista.

- ¡Marcus! ¡Despierta de tus sueños!! ¡Maldito borracho!! - dijo el pescador con más carácter de nuestra embarcación. Pero Marcus no se movía.

Uno de los pescadores de un brinco subió hasta su barca haciendo que esta se moviera considerablemente pero sin llegar a volcarla. Cuando de repente en su rostro pudimos apreciar el asombro.

- ¡Lo han acuchillado!!! ¡Está muerto!! - dijo el pescador con desesperación.

- ¿Está muerto? - dije sin creer lo que estaba presenciando.

- Sí princesa Hanne, lo han matado cruelmente. Ese hombre lo ha matado, ¡es un asesino! - Tras oír aquellas palabras mi corazón se heló por completo. No pensé en que alguien como Donovan habría hecho algo así, pero se trataba de un pirata del que posiblemente no vi el lado más oscuro de su corazón.

- Mi princesa ¿Qué quiere hacer? ese hombre es peligroso, ¡maldito bastardo! - dijo el anciano pescador golpeando su mano contra la madera del barco.

- Si quieren ustedes pueden volver a Skagen con el cuerpo de Marcus, yo seguiré hasta el islote. - dije sin pensar en las consecuencias que ello podría traerme.

- Hanne usted sola no puede ir hasta allí, ese hombre podría matarla o secuestrarla. dijo el anciano.

- Sí, debo ir, sé que mi vida está en juego pero no me importa. Corro el mismo peligro en palacio como en estos momentos aquí, debo ver a ese hombre, me cuesta creer que el haya sido el ejecutor de Marcus.

- Yo le acompañaré Princesa Hanne - dijo uno de los pescadores.

- Bien, le agradezco su gesto. A ustedes les pido que den todo el apoyo posible a Brida espero verla muy pronto y darle mis condolencias. Pero por favor no hablen con nadie de mi presencia por favor.

- Así será Princesa Hanne, vayan con cuidado, y si en dos días no vuelven vendremos todos los pescadores en su búsqueda.

- Gracias noble pescador, les estoy muy agradecida a ustedes por toda la ayuda que me están otorgando, Dinamarca está en sus corazones lo puedo ver.

Subí a la barca de Marcus junto con el pescador que me acompañaba hacia el islote. En el suelo de la barca había un gran charco de sangre, me horroricé al verlo. El cuerpo de Marcus iba en el otro bote con los otros pescadores camino de Skagen cubierto por una vieja vela. Desplegó las velas aquel experto marinero y partimos hacia el cercano islote que veíamos delante de nosotros entre la espesa neblina.

En esos mismos instantes en Palacio la guardia real buscaba a toda costa a la Princesa Hanne por orden expresa del rey Erik.

Capítulo 12

En la dependencia donde dormían los soldados de la guardia, Argus se presentó a altas horas de la noche con sus escoltas. Buscaban al hombre que fue visto con Hanne el día anterior. Un fuerte golpe en las piernas hizo que Dagmar se despertara de su sueño cayendo de la cama al suelo estrepitosamente, despertando también por el ruido a algunos soldados que dormían. Dagmar se puso en pie visiblemente adormecido y saludó militarmente a Argus.

- Dagmar, lamento mi visita a estas horas de la noche pero los soldados de la guardia me han comunicado que acudió aquí la princesa Hanne por la mañana para hablar contigo. ¿Eso es cierto? dijo Argus con firmeza.

La cabeza de Dagmar en aquellos momentos no supo encontrar una respuesta evasiva, y la debilidad del aún medio dormido Dagmar le hizo confesar.

- Sí mi capitán, cierto, vi a Hanne por la mañana. dijo mientras se vestía perezosamente ante la mirada de todos los allí presentes.

- ¿Dónde está? Sé que tu estrecha amistad con Hanne te ha deteriorado como mando de la guardia y en más de una ocasión has caído en las peticiones personales de la princesa para salir del palacio. ¿No es así?

- Hummm...sí, - dijo con un bostezo. - debo confesarlo mi capitán, que eso es cierto, pero siempre bajo mi control.

- Argus...Argus...Argus... lamento decirte que tus funciones en la guardia real han terminado desde hoy mismo, al comprobar tu insensatez y desobediencia ante las órdenes de nuestro rey. Sino me dices donde está Hanne me veré obligado a encarcelarte en la prisión de palacio indefinidamente.

- Pero Argus...yo...no... - dijo esta vez con expresión de miedo ante aquella amenaza.

- Espero tu respuesta Argus - dijo acercándose a la cara de Dagmar para contemplar el miedo que desprendía su mirada. Nunca fueron buenos amigos en la niñez.

- Solo confesaré a condición de que a la princesa Hanne no le suceda nada ni a mi familia. ¿Me lo prometéis Argus? dijo mirando a sus ojos seriamente.

- De acuerdo, pero tú deberás pagar por ellos al desobedecer e incumplir el reglamento militar y no saber acatar las órdenes que se te han impuesto todos estos años.

- Acepto mi culpa - dijo Dagmar con tristeza mirando a sus compañeros y retomando su viejo ritual de rascarse la cabeza...

- Y bien ¿Dónde está Hanne?

- Salió a caballo hacia las casas de los pescadores esta mañana pero no sé el motivo ni a quién iba a ver.

- Bien Argus, además de desobedecer las ordenanzas del rey, dejas salir a una princesa sola, indefensa, sin escoltas por Skagen y si a eso le sumamos que estamos en guerra. ¿Qué debo hacer contigo?

- Mi capitán acepto todos mis errores pero solo acaté los deseos de la princesa Hanne.

- ¡Llévenlo a las mazmorras soldados!! Y ustedes soldados tomen nota de lo que no deben hacer en nuestra patria. Este hombre ha incumplido órdenes y ha puesto en peligro la vida de la princesa Hanne. - dijo Argus a todos los soldados que había en aquellos momentos en la dependencia. Dagmar fue llevado a las mazmorras subterráneas de palacio sin rencor alguno por la decisión de Argus.

El rey no dormía todavía, estaba en su aposento con un par de cuidadoras que le masajeaban las piernas por su precaria circulación sanguínea. Sonó la puerta y Argus hizo acto de presencia ante él.

- Padre, ya se donde está Hanne. He interrogado a Dagmar un mando de la guardia que a petición de los deseos de Hanne la dejó escapar sin escolta.

- Ese tal Dagmar ¿Que has hecho con él? - dijo el rey tumbado en su cama y mirando de reojo a las jóvenes cuidadoras.

- Lo he mandado a las mazmorras por incumplir órdenes y le he retirado el cargo de mando de la guardia. dijo Argus sirviéndose una copa de vino.

- Bien, veo que aún no eres lo suficiente duro para ser un futuro rey Argus, ese hombre debería ser ahorcado, recuerda que debes dar ejemplo para que sepan lo que no se debe hacer si (no) se sirve a la patria.

- Es muy amigo de Hanne, creo que no seria justo padre.

- ¡Yo sé lo que es justo y lo que no lo es Argus! Ese hombre será ejecutado ante Hanne para que sepa lo que es la obediencia al rey. - dijo levantándose bruscamente de la cama y quitándose de en medio a las cuidadoras.

El silencio se apoderó de aquella conversación. Argus bebía de la copa de vino pensativo hasta que el rey volvió a romper el silencio. Mandó salir a las dos cuidadoras de la habitación despectivamente y aceptó la copa de vino que Argus le ofreció.

- ¿Y donde está Hanne? dijo mientras bebía.

- Se ha escapado a las viejas casas de los pescadores de la costa, no sabemos la razón.

- ¡Está loca! Siempre lo dije, al amanecer ves con un pequeño destacamento de soldados y pregunta a aquellas gentes todo lo que sepan, si debéis escarbar en la tierra para buscarla hacedlo, pero quiero que Hanne esté en palacio. Nunca más volverá a desobedecerme.

- Así lo haré padre ¿pero a ella le sucederá algo?

- Me ha desobedecido y me contradijo ante todos como una plebeya en la reunión a mi llegada a Skagen. Pensaré en un castigo digno a su rebeldía.

Estábamos llegando lentamente al solitario islote de Krauss, la intensa niebla que cubría la isla hacía que no viéramos lo que había a pocos metros de nuestra embarcación. El pescador remaba silenciosamente, sus sentidos estaban en alerta, yo estaba de pie intentando ver con claridad lo que podría haber en nuestro camino. El silencio era fantasmal.

- No haga ruido Hanne, podríamos estar navegando junto a otra embarcación y no saberlo. dijo en voz muy baja aquel pescador.

La leve luz de la luna llena se colaba fugazmente entre la espesa niebla para envolvernos en un mundo sin formas. De repente delante nuestro apareció inmóvil la descomunal figura de un gran barco pirata con luces en su interior. Se escuchaban cánticos en sus camarotes, parecía como si hubiera una celebración especial. En el mástil mayor ondeaban varias banderas que no se podían divisar con claridad. El aspecto de aquel gran barco tan decadente y mal cuidado me transmitía que posiblemente sería de Donovan. Mis pensamientos en ese instante llegaron a la conclusión de que ese era el otro barco que venía a invadir Skagen junto con el que naufragó para asaltar el palacio.

Nuestra barca navegaba en silencio, veíamos a algunos hombres bebiendo y gritando a bordo descontroladamente en idiomas que no entendíamos. Cuando de repente una voz desde lo alto del barco dio aviso.

- ¡Quién va!! ¡No se muevan! - dijo un hombre con una antorcha en la mano y alertando a toda la tripulación que se acercó tras sus alerta. Eran muchísimos.

- Vengo en busca de Donovan, necesito hablar con él - dije en pie y sin mostrar temor ante aquella gente extraña.

- ¿Donovan? Jajajaa sí, está aquí señorita, si quiere hablar con el deberá subir a bordo, le dará una sorpresa. dijo aquel hombre despertando las risas de los que se le amontonaban alrededor.

- Hanne ¿No irá a subir? dijo el pescador con miedo en sus ojos.

- Sí, quedaos aquí, no temáis, si no vuelvo en breve marchaos a pedir ayuda. - dije poniendo mi mano en su hombro.

Acercamos nuestro bote al barco y les comuniqué a aquellos hombres que aceptaba la decisión de subir a bordo. - De acuerdo échenme un cabo, subiré.

Soltaron una cuerda con nudos para que subiera a bordo de aquel navío. El pescador se alejó a cierta distancia con la pequeña embarcación para que esperara tal y como le pedí. Llegué hasta arriba con la ayuda final de unos mal olientes hombres que clavaron sus ojos en mí como lobos en celo nada más pisar aquel barco. Eran piratas de varias nacionalidades por lo que pude observar ante mí. Sentí por un instante miedo, pero recordé las palabras de Druna cuando me dijo que debía ser la mujer más valiente de Dinamarca en aquellos momentos de mi vida.

- ¡Oohhh! una dulce dama por primera vez pone sus pies en un barco como este ¿A que se debe su interés por Donovan? - dijo aquel pirata de aspecto mayor, de ojos oscuros, con pelo largo grisáceo, ropas sucias y con la mirada más obscena que jamás sentí en mi vida.

- Soy la princesa del país que queréis invadir. - dije con ironía. - Llevarme con Donovan por favor. - Comenté nerviosa ante la mirada de aquellos hombres que parecían querer abalanzarse sobre mí como hienas.

- Jajajaa Donovan...el ya no es nadie aquí señorita, precisamente usted es la causa por la que ¡él! ya no es nadie... hummm he dicho señorita......oh perdone...quería decir querida princesita de Dinamarca. - Comentó entre las risas de los piratas que se agolpaban a mi alrededor.

- ¿Y Donovan? - Pregunté desconcertada por las palabras de ese sucio pirata.

- Llevad a la princesita a ver a su estimado irlandés, después la traéis ante mí - dijo aquel pirata señalando una de las puertas de cubierta sin quitar su vista de mi cuerpo.

Un par de hombres me llevaron hacia el interior del barco, bajamos unas estrechas escaleras que llevaban a una de las bodegas siguiendo la luz del candelabro que llevaba uno de ellos. El olor era insoportable. En uno de los pasillos subterráneos abrieron una puerta con un gran cerrojo donde encontré a Donovan atado con unas cadenas y tirado en el suelo junto a dos hombres más amordazados y con signos de violencia. Me abalancé rápidamente hacia él, cogiendo entre mis manos una vela encendida que había justo a su lado y que apenas les permitía ver en aquella oscuridad. Aquellos dos piratas aguardaban tras la puerta observándonos, hacían comentarios obscenos hacia mi persona.

Esperé a que Donovan abriera los ojos arrodillada a su lado con la luz de la vela iluminando su cara.

- Donovan - Susurré acercando la vela a su rostro.

Abrió con debilidad sus ojos al igual que la vez que fue rescatado por mí de las garras del mar.

- Mi ángel de la guarda vuelve otra vez para salvarme - dijo esbozando una leve sonrisa y con signos de dolor por los golpes recibidos.

- Sí, pero esta vez será más complicado salvarte la vida Donovan. - dije poniendo mi mano en su frente.

- Para ti nada es imposible Princesa Hanne de Dinamarca, tenía ganas de volverte a ver, parece que haya pasado una eternidad - dijo con dificultad.

- ¿Qué ha pasado Donovan? ¿Tú no eras el dueño y señor de estos desalmados? - dije mientras le limpiaba la frente con mi pañuelo.

- Les expliqué lo sucedido en el naufragio días atrás y también mi decisión de revocar la misión de invadir el norte de Dinamarca para ayudar a la corona inglesa, ellos no lo han aceptado, están ciegos por el oro inglés, optaron por nombrar al viejo Rooney como nuevo cabecilla, después nos apalearon a mis hombres y a mí y por ello estamos aquí metidos, en esta oscura y pestilente habitación.

- ¿Porqué estás aquí Hanne? Es el último lugar en el mundo donde deberías estar.

- He venido hasta este lugar para pedirte ayuda. Hablé con la mujer de Marcus y me explicó todo. A él lo han matado.

- Malditos bastardos, están perdiendo la dignidad matando a inocentes- dijo Donovan resignado.

- ¿Qué te ha hecho revocar tu decisión de invadirnos Donovan?

- Tú. - dijo Donovan acariciando mi frío rostro bajo la luz de la vela. Me acerqué lentamente hasta él y le abracé fuertemente. No sabía que me pasaba con Donovan, jamás antes en mi vida sentí algo así por un hombre al que apenas conocía.

- ¿Van a atacar Skagen?

- Sí, estarán un par de noches más anclados en este islote, posiblemente partirán al amanecer para invadir el norte.

- ¿Qué pasará con vosotros?..¿Y conmigo? - dije con temor.

- Seguramente seremos ejecutados mis hombres y yo siguiendo las viejas costumbres piratas, se inventaran cualquier motivo. Tú serás apresada para ser entregada a los ingleses, de esa forma tu padre el rey se rendirá más fácilmente.

Me quedé observando por unos instantes en la penumbra aquella habitación húmeda y lúgubre de las bodegas del barco, hasta que vino una pregunta atrevida a mi mente que debía pronunciar.

- ¿Se puede escapar de aquí? - Susurré en voz baja y mirando a los ojos de Donovan. Él me respondió con el movimiento de su cabeza de forma negativa. Sin pensarlo dos veces levanté disimuladamente mi vestido aprovechando que los dos vigilantes estaban charlando para poner en la mano de Donovan el puñal que Brida me dio antes de partir. Él me miró con sorpresa, se lo escondió con dificultades en una de las mangas de su camisa blanca y me esbozó un guiño de complicidad a la vez que miró a sus dos hombres susurrándoles algo en voz baja.

- Te estás volviendo una princesa muy rebelde querida Hanne. Pídele que me traiga agua el que tiene la cicatriz en el ojo. - Donovan pensaba en sus adentros con la mirada puesta en los dos piratas que nos vigilaban.

Me levanté con la vela en la mano y me acerqué hasta ese hombre de aspecto rudo y desalmado que poseía una honda cicatriz en un ojo.

- Podría traer algo de agua para estos hombres por favor, se están muriendo de sed - dije casi suplicándolo.

El hombre aceptó mi petición con desagrado, subió por las escaleras sin contestarme pero balbuceando graves insultos en referencia a mi padre el rey Erik. El otro se quedó solo allí delante nuestro con rictus desafiante. En su cinturón pude observar un amasijo de llaves. Alguna de ellas debían ser las de las cadenas de Donovan y sus dos hombres.

- Fabio, siempre confié en ti como un gran camarada, pero veo que la codicia por el oro inglés también te ha cegado. - dijo Donovan a aquel pirata de procedencia italiana.

- Maldito Donovan, nos haces llegar hasta estas aguas malditas, hundes tu barco y luego decides no atacar Dinamarca. ¿Acaso es por esta putita que tengo a mi lado? - dijo poniendo su mano derecha en mi trasero descaradamente.

- ¡Eres un mal nacido! A ella no la toques. dijo Donovan escupiéndole.

Aquel hombre se acercó furiosamente hacia él, tras recibir el regalo salivoso que impactó en el centro de su cara, intentó propiciarle una patada a Donovan, pero él la pudo esquivar hábilmente con un rápido movimiento de sus piernas. Me armé de valor y lo empujé por la espalda para que cayera sobre él. Estuvieron forcejeando en el sucio suelo del compartimento como dos bestias salvajes, hasta que le clavó el puñal de Brida en el cuello para dejarlo inerte al acto. El chorreón de sangre manchó la camisa blanca de Donovan.

- Hanne las llaves, ¡coge sus llaves! - Me gritó Donovan. Cogí apresuradamente las llaves que abrían las cadenas de Donovan y sus hombres. En ese instante se volvían a escuchar unas pisadas que provenían de la escalera, volvía el otro hombre con el agua. Hizo presencia ante nosotros con el candil en una mano y en la otra una jarra de agua. Su mirada quedó estupefacta al ver a su compañero en el suelo ensangrentado junto a Donovan. Uno de los hombres de Donovan permanecía escondido tras la puerta que nada más ser cruzada por aquel pirata se le echó encima para ahogarlo con las cadenas que le habían puesto. Me asustaba la frialdad con la que Donovan y sus hombres quitaban la vida a los demás. Pensé en las personas que Donovan abría matado en su vida, pero inevitablemente ya me era imposible separarme de él.

Subimos lentamente por las escaleras que llevaban a cubierta. La mayoría de los piratas estaba celebrando la toma del mando del indeseable Rooney en un gran camarote, pero había muchos de ellos en cubierta totalmente borrachos y tumbados por el suelo.

- En uno de los costados está el bote amarrado con el que van al islote, es cuestión de llegar a él sin ser vistos. - Me dijo Donovan y después a sus hombres en español. Estuvimos esperando en el pasadizo que daba a la puerta de cubierta del barco observando que no hubiera nadie por allí que nos viera huir, pero antes debíamos de tomar una decisión.

- Un pescador de Skagen me ha traído hasta aquí, debería estar allí afuera esperándome en su bote sino lo han capturado. dije en voz baja a Donovan.

- Es grande su bote, ¿cabríamos todos?

- Sí, es una embarcación pesquera.

- Hanne con esta niebla no podremos ver si está muy alejado del barco, quizás lo han matado, además no podemos gritar en su ayuda...la única alternativa es...- dijo Donovan sin terminar la frase y mirándome a la cara con una sonrisa sintiendo mi grandísimo temor.

- ¿Cuál Donovan? ¿No....esa no? - dije abriendo mis ojos con pánico.

- Hanne, es la única... - Me comentó poniendo sus dos manos en mi cara.

- ¿No puedo me da pánico?

- Hanne, la verdad es que no nos daría tiempo a coger el bote de esta embarcación, esta siempre vigilado o estarán merodeando por allí alguno de estos hombres. Seriamos capturados y te aseguro que esta vez nos ejecutarían, hemos matado a dos de ellos.

- Donovan le temo a la mar desde mi niñez soy incapaz de meterme en ella y menos de noche. dije con ansiedad, sabiendo que era quizás nuestra única alternativa. Mis manos apretaban nerviosamente los brazos de Donovan, tenía que afrontar a la fuerza una de mis mayores pesadillas, si quería seguir con vida.

- Hanne, no sucederá nada, estoy contigo, no dejaré que te pase nada, lo prometo - dijo mirando fijamente a mis ojos.

Dio la orden a sus dos hombres sin dejarme tiempo a responder y en un abrir y cerrar de ojos Donovan me agarró como a una niña desamparada entre sus brazos. Corrimos por cubierta como ladrones en la noche sin ser vistos, para saltar los cuatro a la vez desde lo alto de aquel gran barco a la oscuridad de aquellas aguas. Solo sentía el cuerpo de Donovan abrazado al mío, cerré los ojos sin dejar paso a mis sentidos. Hasta que en un momento dado noté como mi cuerpo se engullía en unas heladas y oscuras aguas. Abrí mis ojos dentro de aquel vientre negruzco del mar báltico para ver solo oscuridad. El pánico empezaba a salir de mis entrañas como un volcán impaciente de locura en esa espesura líquida que me engullía al fondo. Necesitaba respirar y mis pulmones no aguantaban más aquella pesadilla. De repente sentí un fuerte tirón en uno de mis brazos que me empujaba hacia la superficie rápidamente. Cuando mi cabeza salió del agua sentí el aire helado del frío de la noche entrar en mis agitados pulmones a gran velocidad. Donovan me apartaba el pelo de mi rostro para que pudiera ver, pero inevitablemente un descomunal grito de pánico salió de mi garganta rompiendo el silencio de aquella noche como si fuera la pesadilla más terrible de un niño que despierta aterrado ante el peor de sus miedos. Donovan al ver estado de pánico en el que me encontraba me agarró de mi hombro y empezó a nadar velozmente en la espesura de la niebla junto a sus hombres.

En la cubierta del barco empezaron a salir los piratas con antorchas comprobando con impotencia como nos estábamos escapado entre la espesura de la niebla.

- ¡Donovan! ¡Te vamos a matar!!!! ¡No huyas! ¡Maldito bastardo!! - Gritaban los piratas desde la cubierta, los gritos despavoridos de venganza clamaban en la oscuridad como espectros. Parecían demonios del mar profanados de su eterno letargo por un pirata que huía de sus garras. Por suerte la niebla aquella noche era nuestra aliada.

Tras varios metros lejos de la embarcación vimos la pequeña silueta del barco de Marcus que se alertó al escuchar los chasquidos en el agua de nuestra presencia.

- ¡Pescador no temáis! traemos a la princesa Hanne sana y salva. - dijo un Donovan totalmente cansado y sin apenas fuerzas.

Yo no podía articular palabra. El frío y la sensación de estar flotando en aquel mundo de profundidad oscura que sentía en todas las partes de mi cuerpo en aquel momento, me bloquearon totalmente. Mi vida estaba en manos de Donovan, en ningún momento soltó su brazo de mis hombros.

El pescador nos ayudó a subir al bote a cada uno de nosotros. Me cedió la manta de Brida con la que me cubrí en la ida. Por suerte habían ropajes viejos de pescadores que aprovecharon Donovan y sus hombres para resguardarse del frío.

- ¿Cómo está Hanne, qué ha sucedido? Sentí un desgarrador grito que me ha helado las venas. - dijo el pescador sin comprender nada.

- Es largo de explicar. Sí, fui yo quien gritó ¿Por cierto como se llama? Pude responder tras entrar en calor gracias a los masajes que Donovan me hacía en los pies.

- Ralph mi princesa Hanne ¿y estos extranjeros quiénes son?

- Me han ayudado a escapar, ese barco está infectado de piratas que quieren invadir el norte de nuestro país. dije mirando a Donovan de reojo. Lo vi preocupado, sabía que las cosas se iban a torcer mucho más.

- Debemos irnos rápidamente Hanne, podrían coger el bote y salir en nuestra búsqueda, son más rápidos que nosotros. - dijo Donovan mirando a la silueta fantasmal del barco que se veía entre la niebla.

Empezaron a remar camino de las costas de Skagen, pero el viento volvió a estar de nuestro lado, ello nos permitió desplegar las velas y huir a gran velocidad.

La niebla cesó completamente estando ya muy cerca de Skagen, permitiéndonos ver las primeras luces del amanecer a lo lejos de la costa.

Cuando el sol empezaba a salir desde el horizonte un destacamento numeroso de soldados de la guardia hizo su presencia en las casas de los pescadores. Picaban a todas las puertas y entraban en las casas para supervisar si había rastro alguno de Hanne. Uno de ellos encontró su caballo en un viejo establo. Argus también se encontraba en el lugar. Se dispuso a interrogar a todos los habitantes que estaban concentrados delante de la casa de Marcus. Serían unas treinta personas, la mayoría gente anciana y pescadores.

Capítulo 13

- Que levante la mano quien sepa el paradero de la princesa Hanne gentes del lugar, hemos descubierto su caballo en esa cuadra. Quien esconda algo o mienta debe saber que esta mintiendo a nuestro rey y eso se paga con la soga. - dijo Argus sobre su caballo blanco.

Nadie respondía, todos guardaban silencio. Argus ante no recibir respuesta alguna de aquella gente, empezó a mostrar signos de nerviosismo.

- ¿Quién es el dueño de ese establo? dijo señalando al mismo.

Un anciano ciego y con la ayuda de su anciana mujer levantó tímidamente su mano.

- Es mío Príncipe Argus - dijo el anciano.

- Y bien... ¿usted debe saber que hace allí el caballo de la princesa? - dijo aproximando su caballo al anciano.

- No lo sé mi señor, solo sé que apareció esta mañana en él. Le doy mi palabra.

- ¿Me está diciendo que nadie vio a la princesa pasear con su caballo por aquí?

- No mi señor.

A lo lejos se empezaron a divisar dos hombres a caballo arrastrando un pequeño carruaje que se aproximaba hacia las casas. Eran los dos pescadores que habían ido junto a Hanne hacia el islote de Krauss. En la parte trasera del carruaje traían el cuerpo de Marcus envuelto en una vieja vela. Ante la mirada de todos los presentes detuvieron lentamente su carruaje delante de Argus que los hizo detenerse. La mujer de Marcus, corrió rápidamente hacia la parte trasera del carro, un presentimiento extraño le rompía el alma en aquel instante, pudo comprobar ante sus ojos el cuerpo inerte de su marido Marcus envuelto en aquella tela de la que solo se podía apreciar la cabeza del fallecido.

- ¡Marcus!... ¿Qué le ha pasado a mi marido? - dijo Brida empezando a ponerse muy nerviosa. Uno de los pescadores la miró cabizbajo mostrando su tristeza.

- Lo han matado Brida. - Le respondió uno de ellos tragándose el odio hacia aquellos piratas.

La mujer entre gritos de histeria rompió a llorar desconsoladamente por la muerte de su marido. Algunas mujeres acudieron en su ayuda viendo en el estado en el que se encontraba la mujer. Se retorcía por el suelo entre sollozos y golpeando la arena de aquel polvoriento camino, ensangrentándose los nudillos de las manos.

- ¿Qué le ha pasado? - dijo Argus mirando el cuerpo desde lo alto de su caballo.

- Lo ha matado un extranjero al que llevaba al islote de Krauss príncipe Argus. - dijo uno de ellos.

- ¿Al islote de Krauss? - Preguntó Argus con sorpresa.

- Sí, príncipe Argus, no sabemos que busca ese hombre en ese islote. Encontramos su cuerpo a la deriva cerca de la isla sin rastro del asesino.

- ¿Cómo sabían ustedes que iba con un extranjero al islote de Krauss?

- Nos lo dijo un día antes de partir, parece ser, ese hombre necesitaba ir a ese lugar por algún motivo que desconocemos.

- ¿Y que hacían ustedes en ese islote de Krauss?

- Salimos a pescar como cada mañana por aquella zona que es muy abundante en cangrejos, y vimos a Marcus muerto en su barca a la deriva como le he dicho. dijo uno de ellos mientras miraba de reojo a su compañero.

- La princesa Hanne ¿Saben algo de ella? - Comentó Argus buscando alguna pista de su paradero.

- No sabemos nada de la princesa, mi señor.

- ¿Saben que si me mienten les colgaran por ello? dijo Argus en tono desafiante.

- Sí, mi señor.

Un joven pescador que estaba allí presente levantó su mano ante aquella situación desesperada. Esperaba a que Argus le diera la palabra. Un soldado lo vio y lo acercó hasta donde estaba Argus con su caballo.

- Mi capitán este joven quiere comentarle algo. dijo el soldado.

- ¿Qué quieres joven pescador? Espero que sea de interés para mi lo que vayáis a pronunciar.

- Señor, hace dos días salí con mi padre como de costumbre a recoger las trampas para cangrejos al islote de Krauss pero a pocas millas vimos anclado un gran barco extranjero y de aspecto extraño muy cerca del islote. Mi padre tuvo un mal presentimiento y volvimos para tierra.

- ¿Cómo era ese barco muchacho? - Comentó Argus con interés.

- Parecido a los barcos de guerra, era inmenso, creo que tenía cañones en los dos costados y las velas eran algo viejas y sucias, tenía un aspecto decadente, por ello nos dio miedo acercarnos demasiado. Mi padre dijo que posiblemente eran piratas.

De repente la mujer del fallecido Marcus tras escuchar al joven corrió hasta el caballo de Argus, agarrando una de las piernas del capitán frenéticamente. - ¡Todos mienten! Ese muchacho dice la verdad ¡son piratas!, además Hanne estuvo aquí buscando a ese hombre, ella lo conoce, ella sabe donde está ¡él lo ha matado!, ¡concédame la horca a ese extranjero!! ¡Es un pirata!, ¡ha matado a Marcus! - Gritó con rabia mirando a Argus.

Argus bajó de su caballo rápidamente y con la ayuda de otros soldados sentaron a aquella mujer en un montículo de tierra. Argus se arrodilló frente a ella intentándola consolar.

- ¿Qué vino a hacer aquí Hanne?

- Vino en busca de aquel maldito extranjero que ha matado a mi marido. Ella estuvo en mi casa y me dijo que era sumamente importante encontrarlo. - Contestó con lágrimas de odio en los ojos.

- ¿Necesito saber quién es ese extranjero Brida? dijo Argus sin perder detalle.

- El náufrago que encontró Hanne moribundo en la playa hace días y que mi marido ocultó en la casa del montículo. Vino en busca de mi marido para que lo llevara al islote de Krauss, a cambio de unas monedas de oro. ¡A qué esperan a matarlo!

- ¿Pero Brida Hanne donde está? ¿Donde ha ido? Dígame la verdad y juro que ese hombre será ahorcado.

La mujer alzó la vista hacia el carruaje donde estaban aquellos dos pescadores y los señaló con total frialdad con la mano.

- Ellos fueron los que la llevaron al islote, pero ella no ha vuelto. dijo la mujer sin expresión alguna en el rostro.

Argus se acercó a los pescadores que seguían sentados en el carruaje con la cara totalmente pálida tras las palabras de Brida.

- ¿Es eso cierto? - dijo Argus en tono serio y con sus escoltas a sus espaldas empuñando las espadas.

- Sí capitán Argus, lamentamos todo lo ocurrido, pero Hanne nos pidió que ocultáramos su paradero, somos gente humilde pero tenemos palabra.

- ¿Ella dónde está ahora?

- La dejamos en alta mar en plena noche junto con Ralph en la embarcación de Marcus camino del islote. No sabemos nada más mi señor, esa es toda la verdad. dijo el pescador totalmente afectado.

- ¿Entonces la muerte de Marcus es realmente como la han contado?

- Sí mi señor, encontramos su cuerpo a la deriva en plena noche, le acuchilló seguramente ese desalmado pirata. No llegamos a divisar ningún navío en el islote por la densa niebla señor. No sabemos nada más.

- Soldados estos dos hombres llevadlos al palacio de Ejnar para realizar trabajos forzados han mentido como bellacos desde el principio. - Argus pronunció aquellas palabras sin piedad alguna.

El capitán Argus se acercó a paso rápido a uno de los soldados que alguna vez escoltaban a Hanne en los paseos matinales. - ¿Sabéis algo más sobre ese extranjero que encontró la guardia con mi hermana en la playa?

- Mi capitán solo sé que la vieron con él en la playa y su actitud con la guardia real fue desafiante. Hablaba bien nuestro idioma pero su acento denotaba que no era danés. - dijo el soldado.

- Lo sé, Hanne me dijo que era un pescador que conocía de sus paseos matinales desde hacia mucho tiempo, nos ha vuelto a mentir mi querida hermana plebeya. - Comentó Argus mirando al mar.

- Mi capitán, si ese hombre es un pirata con intenciones de invadir el norte del país ¿Qué necesidad tiene nuestra princesa de ir en su búsqueda?

- No lo sé soldado, tendrá que rendir cuentas delante de nuestro rey. - dijo Argus desconcertado y volviéndose a subir a su caballo.

- ¿Ese extranjero no ha pensado mi capitán que podría ser uno de los mercenarios que perdieron su barco en las costas de Skagen? Nuestra princesa quizás no lo sepa. dijo el soldado con preocupación.

- Si fuera un pirata mi hermana no habría cruzado palabra con él, de eso estoy seguro y si lo ha hecho y lo ha ocultado, el rey tomará las medidas necesarias que deba tomar, porque con ello está poniendo en peligro nuestras vidas. Manda a formar a la guardia y volvamos al palacio de Ejnar, tengo que comunicar al rey la peligrosa situación en la que estamos, sabiendo que en el islote está anclado ese barco extranjero y que en cualquier momento puede llegar a nuestra costa.

El destacamento de soldados volvió al galope hacia el palacio de Ejnar. Argus en sus adentros era un volcán en erupción, no entendía la actitud de Hanne. Sentía que su relación con su hermana se rompía en pedazos con cada galopada en aquel polvoriento camino a Ejnar.

Los caballos entraron vertiginosamente por la entrada principal casi atropellando a los aldeanos que pasaban por allí. Argus bajó de su caballo de un salto para subir corriendo las escaleras que daban a las dependencias donde se encontraba el rey. Se cruzaba con la gente por los pasillos tropezando bruscamente sin parar en su frenética búsqueda. Llegó ante la puerta de la habitación nupcial sin tiempo para llamar, abrió sin apenas oxígeno en sus pulmones, la puerta la abrió de par en par, encontrándose al rey en su alcoba con una mujer en la cama en pleno acto sexual. Argus se quedo inmóvil por un momento pero dejó de lado la intimidad de aquel momento para informar a su padre el rey.

- ¡Padre! Creo que van a atacar Skagen, ¡ya están aquí! - dijo Argus en voz alta. La mujer de un brinco se tapó con la ropa que estaba en el suelo y salió velozmente por la puerta sin hacer ruido. El rey se puso rápidamente el pijama para ocultar su desnudez ante Argus.

- ¿Cómo lo sabes? ¿Habéis visto algún barco cerca de la costa? - dijo el rey totalmente alarmado.

Argus cogió aire rascándose la cabeza hasta que se pronunció- Sabemos que Hanne fue en búsqueda de un extranjero al islote de Krauss, que posiblemente sea un pirata de Donovan. Unos pescadores que iban de pesca hacia ese islote de Krauss hace unos días pudieron divisar una gran embarcación pirata allí anclada. Además han matado a uno de los pescadores a sangre fría.

- ¿ Qué tiene que ver Hanne con todo esto Argus? dijo el rey enfurecido.

- Quizás conoció a uno de los supervivientes del naufragio que hubo cerca de estas costas, hace días se encontraron los restos esparcidos en las rocas y algunos hombres muertos muy cerca de aquí, quizás ella aún no sepa la verdadera identidad de ese hombre. No entiendo el motivo por el que Hanne ha tomado la decisión de ir hasta allí jugándose la vida.

- Un mercenario de Donovan podría ser, debe ser uno de sus hombres. Se ha vuelto loca, podrían matarla, violarla o quizás me obliguen a aceptar la rendición de Dinamarca ante la corona británica a cambio de su vida.

- ¿Que vais a hacer si eso sucede?

- Hanne se ha comportado como una miserable insensata, ¡está loca! Ha puesto en peligro a Dinamarca jugueteando con un extranjero. Lamento comunicarte que yo el rey de Dinamarca no pediré la rendición por tu irresponsable hermana Hanne.

- Pero padre entonces ¿Qué debemos hacer ahora?

El rey bajó su cabeza pensando en sus adentros mientras empezaba a vestirse rápidamente.

- Mandar a todos los hombres disponibles a la costa por si se divisan a esos indeseables recalar en la playa. Reclutar también a niños, jóvenes y aldeanos a los que les queden fuerzas para empuñar un arma para que se unan a los soldados en el posicionamiento defensivo en las playas. En palacio solo dejar a un reducido número de soldados para cubrir los puestos de acceso. Y a ese tal Dagmar que encarcelaste debes indultarlo viendo las circunstancias y escasez de soldados en la que estamos.

- De acuerdo padre, pero ¿Hanne, que pensáis hacer con ella, no iréis a buscarla? - Preguntó Argus.

- Argus, denoto que tu corazón es frágil...para ser rey.

Capítulo 14

Donovan dormía profundamente en aquella soleada mañana al igual que sus dos hombres de confianza recostados en un lado de la barca. Ralph el pescador, no cerró los ojos en toda la noche, era la mano que guiaba nuestro destino en aquel trayecto hacia la costa. A pocas millas ya veíamos Skagen, como siempre se divisaba desde la lejanía ese paisaje tan peculiar y solitario que tan bien yo conocía. No paraba de pensar en lo sucedido la noche anterior en aquel barco de mercenarios, parecía un mal sueño pasajero que pasó ante mí como una ráfaga de malas pesadillas, pero no lo era.

Las velas de nuestra embarcación se movían frenéticamente por el viento de esa mañana que soplaba con gran intensidad. Desperté a Donovan avisándole de que en breve llegaríamos a tierra. Le dolía todo el cuerpo por las magulladuras sufridas el día anterior por los golpes que le propiciaron aquellos piratas.

- Despertaste incluso al dios Neptuno con tus chillidos ayer por la noche. - dijo Donovan recogiendo su coleta de pelo castaño.

- Afronté mi peor pesadilla, creo que si en algún momento me hubieras soltado, me habría muerto en aquellas oscuras aguas. - Comenté observando a Donovan muy pensativo mirando la costa.

- Van a invadir tu país Hanne... - Afirmó con tristeza en sus ojos.

Hubo un largo silencio solo adornado por el sonido del jugueteo de las velas con el viento. Cogí la mano de Donovan y lo abracé por el miedo que sentí en ese momento, todo se complicaba más para mi país.

- Tengo miedo - Le susurré al oído con los ojos cerrados. Donovan suspiró fuertemente entre mis brazos, notaba como sentía impotencia por no poder aplacar de mi corazón ese sentimiento oscuro de tristeza que corría en mi interior.

- Estoy en deuda contigo Hanne, me has salvado la vida con valentía en varias ocasiones, somos dos personas que apenas saben nada una de la otra, pero ayer viste algo más de mí, tuve que matar a un hombre ante tus ojos, ellos son el tipo de personas con las que he crecido desde mi niñez.... yo soy como ellos.

- No me importa que seas un pirata, lo vi desde el instante que te saqué del agua en aquella playa.

- Pero nunca te permitirían estar a mi lado, perteneces a la realeza danesa, aunque he de confesar que tienes un espíritu muy rebelde. - dijo con una sonrisa mientras me acariciaba el pelo.

- No me quiero separar de ti nunca más - dije mientras contemplaba perpleja la línea infinita del horizonte en el mar.

- Hanne... ¿Realmente viniste hasta mí para pedirme ayuda?

- Sí, así es, anteponiéndome a las decisiones de mi padre el rey, quería saber a toda costa que estabas a salvo y siendo el personaje de leyenda que eres quería pedirte ayuda en esta guerra en la que estamos inmersos. - dije con ironía encendiendo una sonrisa en su rostro.

- ¿Mi ayuda? - Preguntó con sorpresa.

- Malvado pirata irlandés con corazón de delfín ¿no lo haríais por esta mujer danesa de corazón rebelde?

Donovan tras mis palabras se puso en pie enérgicamente para mi sorpresa, tenía dificultades para mantener el equilibrio por el movimiento de la embarcación. Despertó a sus dos hombres con leves golpes en la espalda y hablándoles en español. Al despertar les explicó algo que parecía importante por la forma de expresar sus palabras. Ellos me miraban en todo momento mientras escuchaban. Por lo que intuí, les hablaba de algo relacionado conmigo. Cuando terminó su discurso Donovan se puso de rodillas frente a mis pies, a los que empezó a masajear para que entraran en calor, se lo agradecí. Cuando se dispuso a explicarme algo.

- Hanne, el indeseable, el despreciable, el malvado, el terrorífico y el más temido ladrón de los mares de Europa llamado James Donovan y que ahora tienes ante vos, se siente en deuda con usted mi rebelde princesa, por ello va a ayudar a su país a vencer esta absurda guerra. - Comentó mientras frotaba mis pies con una mueca graciosa y chulesca en su rostro. No tuve más remedio que emitir una leve carcajada ante aquella cómica afirmación.

- Si intentas hacerme reír lo conseguiste querido James, pero eso ahora ya no es posible, perdiste a tus hombres.

- Sí, sí lo es Princesa Hanne de Dinamarca - Afirmó propiciándome un fuerte beso en la frente. En ese preciso momento el callado Ralph nos avisó que estábamos a punto de llegar a la playa de Skagen.

Lentamente nos acercamos hasta la orilla de la playa, mientras Ralph guardaba las velas de la embarcación con la ayuda de uno de los hombres de Donovan. Saltamos descalzos de la barca sintiendo otra vez en nuestros pies el agua helada de la orilla de aquella playa. La empujamos tierra adentro con gran esfuerzo hasta dejarla anclada en la arena. De repente y como si se tratara de un espejismo maldito empezaron a salir de las dunas una multitud de soldados de la guardia que habían permanecido escondidos contemplando nuestra llegada y aguardando a que estuviéramos en tierra. Nos rodearon sin dejarnos alguna posibilidad de escape. Apresaron a Donovan atándole sus manos a la espalda al igual que a los demás hombres. En ningún momento ofrecieron resistencia.

Donovan permanecía serio, frío, seguro, parecía como si hubiese vaticinado aquel momento instantes antes de pisar tierra. Uno de los mandos militares se acercó a mí, por si había sufrido algún daño.

- Princesa Hanne, ¿está usted bien? - dijo ofreciéndome agua de un cuenco de madera.

- Sí, estoy bien, esos hombres son inocentes, no han hecho nada malo, me han protegido, déjenlos en libertad. - dije señalándoles.

- Mi princesa tengo órdenes estrictas del rey de llevarla a palacio al igual que a sus acompañantes para ser interrogados.

- Repito, esos hombres me han ayudado en todo momento, ¡no hace falta que sean apresados como bandidos!

- Princesa Hanne, solo cumplo órdenes, ahora les llevaran a Ejnar mi princesa. dijo el soldado mientras ordenó a un grupo de soldados a caballo que nos escoltaran a palacio urgentemente. Donovan me miraba con total tranquilidad, pero yo temía por su vida.

- No temas nada Hanne, recuerda, estoy en deuda contigo. - dijo al pasar por mi lado custodiado por dos soldados mientras lo subían a un caballo.

Al llegar a palacio los soldados me obligaron a comparecer privadamente ante mi padre el rey. En el patio de armas vi como daban instrucción a jóvenes muchachos por la falta de efectivos en los que se encontraba el ejército danés. Los preparaban duramente para el combate cuerpo a cuerpo. Tristemente imaginé que sería de ellos si la mala suerte le hiciese vérselas cara a cara con los hombres de Rooney. Mientras me escoltaban hacia la sala donde se encontraba el rey le pregunté a uno de los soldados por Donovan sin recibir respuesta alguna. Tras pasar por las dependencias que conducían al lugar donde el rey se encontraba ubicado, nos encontramos ante nosotros a varios soldados en formación haciendo guardia en su puerta, ellos observando nuestra llegada, gritaron a viva voz a través de aquel portón al rey Erik de nuestra presencia. Era la puerta más valiosa de palacio, estaba hecha de madera de roble, poseía un tallado perfecto con el perfil del rostro del rey. Esperamos unos instantes hasta que se escuchó su grabe voz desde el interior dando su permiso para ser abierta.

Me abrieron la puerta cortésmente y me adentré en aquella lujosa habitación repleta de cuadros y de pequeñas esculturas de antepasados importantes de Dinamarca. En aquellos momentos mi padre se encontraba observando unos mapas en la mesa que había en el centro de la habitación. Estaba de pie, con una copa de vino y apoyado en su bastón, el que a veces utilizaba por sus problemas de circulación. Parecía estar estudiando en aquellos viejos mapas alguna posible estrategia militar a llevar a cabo. Sobre aquellos papeles habían pequeñas embarcaciones de madera como si de un juego de niños se tratara. No se inmutó ante mi presencia, yo seguía inmóvil allí de pie, esperando alguna palabra. Él proseguía con la mirada fija en aquellos barquitos que navegaban imaginariamente sobre los mapas de la mesa. Pasaron unos instantes hasta que le dio un largo sorbo a la copa que sostenía en su mano derecha y acto seguido dejó su ocupación para dirigir su mirada hacia mí. Sus ojos estaban encendidos de rabia.

- ¿A que estás jugando loca Hanne? - preguntó en voz alta.

- No estoy jugando a nada padre, tan solo la represión a la que estoy expuesta en palacio y a las decisiones tan poco acertadas que vos planificáis para esta patria, me hacen ser la mujer que veis ante vos.

- ¡Maldita seas! Has desobedecido mis órdenes millares de veces, has sobornado constantemente a ese desgraciado hombre de la guardia llamado Dagmar con tus deseos egoístas y te buscas peligrosas amistades como la de ese extranjero ¿Quién es ese hombre? - dijo acercándose cada vez más a mí.

- Es un pescador escocés, vino a estas aguas después de que su barco naufragara en una gran tempestad.

- ¿Sí?.... ¿no vas a explicarme la razón por la cual ese hombre fue hasta las casas de los pescadores para que lo llevaran al islote de Krauss? Un anciano pescador llamado Marcus fue asesinado por él. ¿Estás acaso cortejando a un pirata? - dijo el rey enfurecido tirando su copa contra la pared y acercándose sigilosamente hacia mí.

- ¿Quién os ha dicho eso? - Pregunté totalmente desconcertada. Ignoraba que supieran algo de ello pero era evidente que alguien lo había confesado.

- La mujer del hombre fallecido. Hanne ¿Qué nos ocultas? - Comentó señalándome con la mano.

- ¿Qué oculto? Querido padre lo mismo que oculta usted en sus oscuras entrañas, mire en su corazón y dígame por la memoria de nuestra reina Astrid que vos nunca ha ocultado nada a este país.

El rey Erik se quedó pensativo por unos momentos buscando una respuesta que sentenciara las palabras de Hanne.

- No tengo nada que ocultar a nadie Hanne, tu sí que estás ocultando algo con tu conducta ¡Eres la vergüenza de Dinamarca! - contestó chillando y propiciándome una fuerte bofetada en la cara. Mis lágrimas brotaron con desprecio hacia mi padre.

El recuerdo de la ausencia de mi madre la reina Astrid, golpeó dentro de mi cabeza en aquel momento como una losa de tristeza que emergía de mis oscuras entrañas buscando la luz. Su ausencia me hacía sentir la persona más incomprendida y extraña de Skagen en ese instante de mi vida.

Me aproximé hacia mi padre lentamente, con mi cara empapada en lágrimas, hasta quedarnos frente a frente. Su rostro era impenetrable. Sequé mis lágrimas con mi húmeda ropa y me dispuse a contestarle en aquel triste momento.

- Rey Erik III el honrado, no sabía que entre la gente humilde de la aldea del palacio Ejnar corretea una pobre y mal vestida niña con mi misma sangre, la cual está mantenida por una mujer que sirvió en palacio y a la que usted violó cruelmente, siendo después amenazada de muerte, por vos ¿No tiene nada que ocultar mi rey?

- Cállate esa boca ¡maldita loca! o te mando lejos de aquí para que te encierren con los enfermos mentales de Copenhague. Haré que cuelguen a esa mujerzuela.

- Sois despreciable rey Erik, amenazaste de muerte a esa mujer y la dejasteis en la más mísera pobreza con esa niña en su vientre.

- Como se entere alguien de Skagen, tomaré medidas contigo Hanne y les cortaré la cabeza a esa corte de amigos tuyos que están en las mazmorras al igual que ese desgraciado de Dagmar. dijo con tono amenazante.

- ¿Tenéis a Dagmar encarcelado? dije con desesperación.

- Sí, es el peor ejemplo de soldado de la guardia que Dinamarca ha tenido en su historia, ha cedido continuamente a las pretensiones de la loca rebelde que tengo ante mí.

- Madre me contó lo que hizo usted conmigo la noche en la que vine a este mundo, gracias a Druna que me encontró en la playa estoy aquí ahora ante vos. ¿Debo seguir estando orgullosa de vos rey de Dinamarca? Al que solo le interesa huir como un ladrón cobarde mientras su país ve morir a su gente diariamente.

El rey cambió el rictus de su cara totalmente, se giró desmontado ante las duras acusaciones de Hanne dándome la espalda. Hanne respiraba con ansiedad.

- ¡Voy a desterrarte maldita Hanne! sino me confiesas que relación tiene ese hombre con el barco pirata que está anclado en el islote de Krauss, lo mataré junto a ese tal Dagmar, serán ahorcados por tu culpa. ¡Soldados llévensela de aquí! ¡Enciérrenla en su aposento sin dejarla salir! - Sentenció furiosamente señalando a Hanne.

En las celdas subterráneas hizo su presencia Argus decidido a interrogar a Donovan sobre su identidad. El eco de aquellos pasadizos subterráneos resonaba con las pisadas firmes del capitán Argus dirigiéndose hasta la celda en la que se encontraba Donovan con sus hombres y el pescador Ralph. Justamente en la de al lado y a pocos metros estaba Dagmar sumergido en otra oscura y húmeda celda. Era un lugar decrépito, mal oliente, donde las ratas se paseaban a sus anchas cuando no habían soldados merodeando por allí.

Se acercó hasta la puerta esperando a que el carcelero abriera la cerradura oxidada de la celda. Una vez abierta se adentró y esperó a que se pusieran en pie ante él.

- ¿Quién es de ustedes el pescador escocés? - dijo observando a cada uno de ellos. Donovan dio un paso al frente.

- Soy yo. - dijo mirando fijamente a Argus.

- Bien, explíqueme ese interés por su parte de ir al islote de Krauss con el hombre al que usted mató.

- Hummm.... ¿teniente, almirante, grumete?,..A quién tengo el honor de dirigirme. - dijo Donovan con sorna.

- Capitán Argus príncipe heredero de Dinamarca. Le advierto que conteste a mi pregunta y déjese de burlas, sino será azotado. ¡Conteste!

- Yo no maté a ese hombre, lo hicieron unos desalmados que están a unas millas de aquí. Fuimos asaltados en alta mar desde otro bote, yo pude defenderme, pero aquel hombre tuvo peor suerte.

- ¿Y estos dos hombres que van con usted donde estaban?

- Son españoles, viajaban conmigo en el mismo pesquero con el que naufragué no muy lejos de estas costas, los encontré días más tarde sobre unos restos de madera medio muertos de sed en la playa.

Argus se acercó al pescador de Skagen a escasos centímetros de su cara - ¿Eso es cierto pescador?

- Sí mi señor, todo es cierto. dijo el callado Ralph con temeridad.

- Pero la princesa Hanne fue en su búsqueda ¿Porqué? - dijo Argus volviéndose hacia Donovan otra vez.

- Hummm la princesa Hanne es una persona con sentido común y quizás el tipo de vida que hace entre estas cuatro paredes no es la que le conviene.

Tras esas palabras Argus golpeó fuertemente el estómago de Donovan cayendo este en el suelo doblegado y con problemas de respiración.

- ¡Maldito idiota! ¿Quieres ir a la horca? ¡Dime el porqué la princesa Hanne fue en tu búsqueda! - Le gritó acachando su cuerpo hacia el abatido Donovan.

- No vino en mi búsqueda, fue en búsqueda de Donovan. - dijo volviéndose a poner dificultosamente en pie con las manos en el estómago y con la ayuda de sus hombres.

- Jajaja ¿De Donovan? - dijo sorprendido Argus sin dar crédito a lo que había escuchado.

- Sí...

- ¿Pero como sabía ella que estaba anclado en esa isla maldito bastardo?

Donovan lo miró fijamente otra vez, pero esta vez de tal forma que ahuyentaría hasta al mismísimo diablo en su camino.

- Se lo dije yo,.... Días antes de nuestro naufragio vimos su barco recalado allí, supe que era Donovan ya que en los mares de Escocia su presencia es constante.

- ¿Cuál es la razón por la que ella fue a ver a ese mercenario irlandés entonces?

- Eso es algo que ella le debe responder...capitán Argus.

- Me parece muy extraño que un pobre pescador escocés como tú pudiera pagar con monedas de oro a ese hombre. ¿A caso eres un hombre de Donovan?

- Querido capitán Argus, esta conversación me causa un notable cansancio, debo decirle que las cosas no me van tan mal últimamente, vendí recientemente una de mis embarcaciones de pesca y por ello poseía algo de oro en mi poder.

- Ya, ¿y quieres explicarme que ibas hacer en ese solitario islote? ¿Sumarte a la fiesta con Donovan para invadir Skagen? - dijo Argus aproximándose a él.

- Hummm no lo había pensado, quizás habría tenido mejor suerte. - Respondió con una sonrisa en la cara pero recibiendo otro puñetazo de Argus esta vez en su rostro.

Donovan miró al suelo aguantando el dolor, parecía que en sus adentros meditara algo importante, suspiraba profundamente, quería decir la verdad pero dio su palabra a Hanne, estaba en deuda con ella en la difícil tarea de ayudar a Dinamarca. Alzó su cabeza de nuevo dejando visible una herida que sangraba en uno de sus pómulos y se pronunció.

- ....como usted sabrá, ese islote es un lugar de paso de muchísimos pescadores daneses, siuecos, noruegos...solo queríamos aguardar allí para unirnos a alguna embarcación que recalase para volver a Escocia.

Argus se quedó dudando ante aquellas palabras. Empezó a caminar por la celda de un costado a otro dando vueltas a su cabeza a toda la conversación. Ellos lo contemplaban sin decir nada, Donovan disimuladamente hizo una mueca a sus hombres para darles tranquilidad. Argus de repente paró en seco sus andares nerviosos y volvió a dirigirse a Donovan.

- Bien, daré el parte de lo hablado aquí a nuestro rey, el decidirá el futuro que les espera. Nos volveremos a ver. Carceleros a este pescador déjenlo en libertad.

Ralph salió de la celda ante la mirada de los presentes, Donovan le estrechó la mano fuertemente.

- Gracias Ralph, eres un buen hombre. - Afirmó Donovan viendo entre los barrotes como se marchaba de aquel lugar.

Argus abandonó decepcionado aquella celda tras la conversación con Donovan. Emprendió rápidamente escaleras arriba para ver a su hermana Hanne, que en esos momentos se encontraba custodiada en su aposento. Llegó con aires de enfado ante el soldado de la guardia que le abrió marcialmente la puerta de entrada al habitáculo. Hanne se encontraba sentada junto al ventanal escribiendo en su diario como hacía diariamente. Lo cerró rápidamente ante la visita inesperada de Argus. Había escrito todo lo sucedido días atrás.

- Hanne, he estado interrogando a ese hombre extranjero, ha confesado que ibas en busca de Donovan. ¿Eso es cierto?

- Sí, así es. dijo Hanne dejándose llevar por las declaraciones de Donovan.

- ¡Estás completamente loca! No pensaste en el peligro que correría tu vida ante ese mercenario ¿Por qué fuiste en su busca?

- Quería hacerle cambiar de opinión en la decisión de apoyar a la corona inglesa y convencerle de que apoyara a Dinamarca en esta guerra a cambio de más oro del que le vayan a ofrecer los ingleses. Eso es todo Argus.

- ¿Entonces ese extranjero realmente no es un pirata?

- No Argus, es un pescador escocés que naufragó en nuestras costas hace tiempo, con el que hice gran amistad, lo encontré casualmente en alta mar aquella noche en la que partió con Marcus hacia la isla de Krauss, ellos fueron atacados por los piratas de Donovan, él no pudo hacer nada por salvar la vida de Marcus en aquel percance. Ese extranjero, no dejó que me dirigiera sola hasta Donovan, por ello volvimos a Skagen. - dije volviendo a mentir con mi vista fija en el paisaje soleado que veía desde mi ventana con el siempre enigmático mar a lo lejos. No podía desvelar la verdad bajo ningún concepto por miedo a que colgaran a Donovan.

Argus se quedó sin argumentos, totalmente pensativo. Se acercó al ventanal para contemplar aquel mismo escenario que teníamos delante. Parecía confuso, contrariado consigo mismo.

- Perdóname Hanne, quizás la presión en la que estamos envueltos con esta guerra me hace ser el hombre que no quise ser nunca, además habría jurado que ese hombre era uno de los sanguinarios de Donovan. Juré a la mujer de Marcus ante todos que lo ahorcaría. Dame tu palabra Hanne ¿Puedo confiar en ese extranjero?

- Sí Argus, a ese hombre lo amo. - dije sin quitar mi vista del mar en la lejanía.

- Pero Hanne tu perteneces a....

- Sí, Argus lo sé, pero mi corazón no entiende de clases, ni banderas, ni leyes, debéis dejarlos en libertad prométemelo.

- Eso no puedo hacerlo Hanne, el rey es el que tiene la decisión.

- Volveré a hablar con nuestro padre y quiero que estés presente Argus, es muy importante para mí. dije mirando a mi hermano que miraba al infinito de aquel paisaje con preocupación.

- Hanne, pronto verás estos paisajes llenos de sangre y muerte. El fin parece estar cercano, solo un milagro de Odín nos puede salvar de esta pesadilla. Las tropas inglesas ya están haciéndose con el sur del país, arrasando pueblos y robando los alimentos a las gentes de nuestra patria. Cada día están más cerca.

- Necesito tu ayuda Argus.

- ¿Qué necesitas? dijo Argus girando su cara hacia mí.

- Traedme hasta aquí a Druna por favor.

- ¡Hanne eso es imposible! Está prohibido su acceso a palacio por orden de nuestro padre.

- Pues déjame llegar a ella de alguna forma.

- ¿Para que quieres ver a esa bruja? Solo te puede traer más problemas si vas en su encuentro. - Pronunció algo molesto por mi petición.

- Necesito verla Argus, prometo que te obedeceré estrictamente siempre que tus mandatos sean coherentes para el pueblo de Dinamarca querido hermano.

Acordé con mi hermano la concesión de poder visitar a Druna en la aldea dando mi palabra de respetar siempre sus órdenes presentes y futuras.

Capítulo 15

Llegó la noche a Dinamarca ofreciendo un majestuoso manto de estrellas que cubría mágicamente el palacio de Ejnar. Esa noche en plena madrugada, salí de mi aposento tal y como había acordado con Argus para dirigirme hacia la casa de Druna. Conmigo iban cuatro soldados a los que Argus informó de que aquella visita nocturna, no debía llegar a oídos de nadie. Salimos de palacio sin llamar la atención de los centinelas de la entrada, yo iba cubierta con ropajes que me cubrían la cara, con el aspecto habitual de cualquier mujer de la aldea.

Caminábamos a oscuras, no había nadie en los estrechos callejones que durante el día están repletos de vida. Era una sensación extraña para mí, los aledaños del palacio Ejnar tenían un aire fantasmal en aquel momento. Nos íbamos acercando a nuestro destino con la única luz que nos ofrecía la luna llena. A lo lejos a medida que nos íbamos acercando, veíamos alguna luminosidad salir desde una de las ventanas de la casa de Druna, un tenue resplandor semejante al de unas velas, me constataba que quizás estaría despierta aquella mujer. Mientras llegábamos por la callejuela, vimos en la oscuridad los ojos de un gato posado en el centro de nuestro camino, observando nuestra llegada como si de un guardián felino de Druna se tratara. Aquellos ojos brillaban en la negrura de la noche como si un espectral espíritu nórdico hubiese aparecido ante nosotros. Un soldado de la guardia temeroso por las supersticiones y malos augurios, le arrojó un pedrusco sin demasiado acierto, haciendo que aquel animal saliera corriendo despavorido entre la espesura de la oscuridad.

Piqué un par de veces a su puerta, temía que aquella mujer anciana podría estar descansando, era ya muy entrada la madrugada. Pero no fue así, su puerta se entreabrió lentamente hasta aparecer ante mí Druna sosteniendo la luz de un candil. No parecía extrañada por mi inesperada visita nocturna. Me hizo una seña de bienvenida y me invitó a adentrarme en su humilde casa. Me senté en la misma vieja mesa en la que tuve el encuentro con Druna, volviendo a sentarme frente a ella como en mi primera visita. Curiosamente la lechuza que siempre vi en mis visitas en aquella casa, no estaba en esta ocasión. Tenía algo de lumbre encendida en la chimenea. En ella había unas hierbas que quemaban lentamente a fuego lento y que le daban un olor muy peculiar a la casa.

- Sabía que vendrías pronto princesa Hanne. - Comentó mientras ponía encima de la mesa sus dos manos sobre las mías. Sentí su curtida piel como daba calor a mis manos borrando el frío de la noche en ellas.

- Tengo que confesaros algo importante que ha pasado estos días. - dije sintiendo una sensación especial ante su mirada penetrante. Nunca me dio miedo la anciana Druna, pero si podía apreciar como ella podía contemplar en mis adentros, como una intrusa silenciosa.

- Sigo viendo más candente la llama ardiente en el reflejo de sus ojos princesa Hanne, ese hombre ha despertado la mujer que llevaba durmiendo dentro de ti desde que naciste. ¿Qué quieres confesarme Hanne?

- ¡Druna es cierto! Todo lo que las runas desvelaron sobre mi futuro la última vez que hablamos ha sucedido....la llegada de ese hombre....pero lamento comunicarle que existe algo que no se va a cumplir...

no puedo hacer nada por ello. - Confesé con tristeza mirando sus ojos azules tan profundos como el mar.

- Dime Hanne, que es en lo que las runas erraron su profecía. dijo con una sonrisa que parecía esconder la verdad.

- Dijiste que en mis manos estaba el poder para salvar la patria de Dinamarca de esta guerra, pero Druna desgraciadamente mañana, en una semana o esta noche, estará en las costas desembarcando ese gran barco de piratas mercenarios con la misión de aniquilarnos a todos y hacerse con el palacio Ejnar. Además los ingleses están ganando cada día más terreno en el sur del país, haciendo que nuestros soldados mueran a cientos cada día ¿Ahora lo entendéis Druna?

- Hummm... ¿Hanne queréis que consulte las runas? Si crees que se equivocaron contigo aquel día, dos veces no se pueden equivocar. dijo sacando de uno de sus costados un pequeño saco de piel de vaca con las runas en su interior.

- Hazlo Druna... dije contemplando como sacaba las runas y las ponía en sus manos cerrando los puños fuertemente.

Druna cerró los ojos a la vez que pronunciaba unas palabras que no entendí, parecía un idioma antiguo que utilizaban los druidas. Lanzó ante mí las runas, quedándose en silencio observándolas, descifrando lo que reflejaban de mi destino. Una de ellas cayó al suelo durante la tirada. Druna no hizo gesto alguno por recogerla, yo me incliné hacia ella para devolverla a la mesa pero Druna retiró mi mano hábilmente para que no lo hiciera.

- Hanne, lamento contradecirte pero las runas me confiesan lo mismo que la última vez, en tus manos está la vida de estas gentes y el honor de nuestro país. - dijo Druna volviendo a colocar muy lentamente las piedras en el saco pero sin recoger la que cayó al suelo.

- Pero Druna, ya es imposible, no sé que puedo hacer por Dinamarca ¿qué debo hacer? - Le respondí a Druna buscando una luz a la situación. Ella se levantó tranquilamente de la mesa para recoger la runa que cayó al suelo, seguidamente la tiró a la lumbre de la chimenea sin decirme nada. No entendía el porque aquella runa ya no era útil para Druna.

- Hanne, querida Hanne, quizás no nos volvamos a ver, pronto marcharé a los regazos de Odín para descansar de este mundo terrenal y solo te diré algo que quiero que guardes dentro de tu corazón. - Tras esas palabras se acercó hasta mí para poner sus manos en mi cara como si de una madre se tratara. Acercó su rostro muy cerca de mi cara y empezó a pronunciar las palabras más bellas que jamás escuché nunca.

- Querida Hanne, solo sé que cuando parta con mi caballo alado hacia los regazos de Odín, contemplaré con alegría desde allí arriba donde los dioses nos otorgan la vida y nos la arrebatan, a la persona que lleva la luz más limpia en su corazón, la que salvará con el coraje heredado por su madre y la valentía que la distingue, a salvar a este país de la guerra que desgarra día a día el corazón de Dinamarca, esa persona serás tú Hanne. - Tras aquellas palabras sonaron en la puerta varios golpes, los soldados me reclamaban con impaciencia para volver a Ejnar.

Me despedí de Druna en el umbral de la entrada ante las continuas advertencias de mis acompañantes por la llegada de la primera luz del día, no debíamos ser vistos por nadie como ordenó Argus. Estreché fuertemente con mi mano la de Druna notando extrañamente como me contemplaba, estaba en silencio, sin pronunciar palabra alguna, como si esperara que saliera alguna pregunta de mis labios.

- Druna ¿Porqué tiró esa runa al fuego? - Pregunté mientras me marchaba con los soldados sin dejar de mirarla.

- Querida Hanne, pronto lo sabrás - Pronunció Druna alzando su mirada al horizonte, donde se divisaba al astro rey asomar su cara. Me quedaron muchas preguntas que hacerle a Druna esa noche, pero el destino hizo que nuestros caminos se volvieran a alejar el uno del otro por las circunstancias que acontecían en mi vida.

El día transcurría lentamente en la más absoluta soledad, me sentía envuelta en todo momento por aquel silencio sepulcral de mi aposento del que me estaba prohibido poder salir. Mi única evasión era contemplar desde mi ventana aquello que tanto necesitaba en aquellos momentos, lo veía muy a lo lejos, era el mar... mi mar de Skagen.

La ansiedad crecía en mi interior, haciendo que me fuera necesario hablar con Argus para comunicarle una petición muy necesaria para mí. Comuniqué a uno de los soldados que vigilaba mi habitación que avisara a Argus. Mi hermano se presentó tras mi petición rápidamente. Además él también tenía algo importante que decirme en referencia a nuestro padre el rey.

- Argus, necesito pedirte que me otorgues tu permiso para visitar al pescador extranjero y a Dagmar en las mazmorras.

- Permiso concedido pero solo por hoy Hanne, creo que el tiempo que hemos vivido en este palacio llega a su fin. - dijo Argus intentando que no me pusiera nerviosa. Notaba en su mirada que quería comunicarme algo que yo no aceptaría.

- ¿A qué te refieres Argus?

- Nuestro padre desde su llegada a Ejnar ordenó en secreto sin que nadie lo supiese que zarpara el navío de Frederikshavn hasta Skagen, para escapar de este lugar hacia el país de nuestro aliado, Noruega.

- No pienso subir a ese maldito barco. - Contesté con indignación.

- No tienes otra opción Hanne, aquí acabarías en manos de esos indeseables.

- ¿Cuándo llegara ese barco a esta costa?

- En cualquier momento Hanne, zarparan de Frederikshavn cuando el mar esté libre de barcos ingleses que vigilan esas aguas. Por ello debes preparar todas tus cosas.

- Argus, no subiré a ese barco aunque el rey me lo pida de rodillas. Ahora solo te suplico tu consentimiento para poder hablar con el extranjero ahora mismo.

Su hermano el capitán Argus, entendía lo que quizás Hanne sentía hacia Donovan. Ella nunca había sentido amor por ningún hombre en toda su vida de princesa. Le puso su mano en su hombro.

- ¿Me prometes que subirás a ese barco sin actuar como la princesa rebelde que hay en ti si te concedo ver al extranjero en su celda?.

Hanne, miró a Argus seriamente, como si en sus adentros una erupción de pensamientos trazasen algún plan a la fatal idea de huir de Dinamarca.

- Sí, te lo prometo.

Capítulo 16

Donovan fue despertado por uno de sus hombres cuando hice presencia en la celda. Se levantó avivadamente, acercándose hacia mí entre los fríos barrotes que nos separaban con signos de cansancio. Nuestras manos se buscaron en una atracción mutua que no pasó desapercibida a los soldados que vigilaban las mazmorras. Sus ojos marrones observaban cada una de mis facciones mientras lo miraba. Él parecía demasiado tranquilo.

- Estás bella como siempre Hanne, no me importaría pasar el resto de mi vida en esta lúgubre celda sabiendo que cada día vendrías a verme. - dijo Donovan con su peculiar sentido del humor. Hanne respondió con una tímida sonrisa.

- Las cosas se están complicando, mi padre ha decidido la huida a Noruega de forma inminente, me obligará a subir a ese barco que viene hacia aquí. dije mirando a Donovan con impotencia.

- Pero... ¿Han atacado las costas de Skagen?

- No, todavía no.

- ¿Recuerdas lo que te prometí en aquella barca de pesca?

- Sí, pero no puedes hacer nada que esté en tus manos. Esos salvajes van a invadir estas costas y se apoderaran del palacio, además los ingleses están cada vez más cerca del norte del país.

Donovan miró de reojo a los soldados de la guardia que nos observaban a cierta distancia velando por la seguridad de la princesa.

- Hanne, yo puedo hacer que Dinamarca gane esta batalla. - Me comentó en voz baja sin apartar sus ojos de los míos.

- ¿Qué quieres decir con eso? Es imposible. - Pregunté sorprendida.

- Vuestro país vecino, el que tan malas relaciones tiene con tu padre el Rey Erik III, quiere mi muerte a toda costa. El rey Erkssen de Suecia sueña con cortarme la cabeza desde hace muchos años, desde que en un enfrentamiento por mar su hijo el príncipe Konemar murió en manos del viejo Rooney desobedeciendo mis órdenes de dejarlo con vida. Todo fue cuando uno de sus barcos se interpuso en nuestro camino en aguas francesas, donde fuimos abordados por sorpresa por los suecos. Sé con total seguridad mi querida Hanne, que ofreciendo mi cabeza a Suecia, apoyarían a la corona danesa y así venceríais esta guerra. - dijo Donovan con el sentimiento más noble que jamás aprecié en un hombre.

- Pero.... Te matarían.

- Bueno, harían un festín con mi cabeza esos locos vikingos, en cambio tú y tu país podríais seguir viviendo en paz bajo vuestra bandera. Te debo mi vida Hanne estoy en deuda contigo. - Pronunció Donovan dándome un beso en la frente entre aquellos barrotes que nos separaban.

- Me niego a ello...yo...te qui.... dije con lágrimas en mis ojos sin poder terminar la frase de mis labios.

Donovan me miró cerrando sus ojos con dolor y ocultando todos los sentimientos que brotaban de su corazón hacia mí, él sabía que expresar sus sentimientos solo me haría más daño en aquellos momentos... yo sabía que él me amaba.

- Sino lo haces tú, lo haré yo Hanne, aquí moriréis tú y tu familia en manos de los que fueron mis hombres. Prefiero morir justamente en las manos de un padre apenado por la muerte de un hijo que en manos del indeseable Rooney. ¿Lo entiendes ahora?

El silencio tras aquellas palabras de Donovan nos envolvió en pensamientos confusos. Yo no lo podía traicionar desvelando su identidad a mi padre el rey, para que tratara con el rey de Suecia en la petición de ayuda a Dinamarca. Sabía que Donovan lo hacia por salvarme a mí, como también sabía que él mismo desvelaría su identidad para salvar a mi país si no lo hacía yo misma.

En aquel instante hizo su presencia Argus con la guardia real. Se pararon delante de la puerta de la celda de Dagmar para dejarlo en libertad. El indulto de aquel castigo por desobediencia al rey fue consumado a causa de los pocos soldados que disponía el ejercito danés en Skagen para su defensa. Dagmar salió con aspecto débil de la celda y se aproximó hacia Hanne.

- Hanne, ¿estáis bien? tuve que confesar por el bien de mi familia y el suyo mi princesa. dijo un cansado Dagmar y con mal aspecto.

- Lo sé mi fiel amigo, nunca habría dejado que te sucediera nada. - Contesté poniendo mi mano en su hombro.

Argus se acercó hasta mi lado contemplando a Donovan y a sus hombres con indiferencia.

- Hanne, tu visita ha terminado, debes volver a tu aposento como hemos acordado. dijo Argus volviendo su mirada hacia mí.

- Capitán Argus, ni su rey, ni usted, han conseguido lo que la princesa que tengo ante mí ha hecho por este país. Comentó Donovan observando a Hanne que no ocultaba sus lágrimas.

- ¿Por qué lloras Hanne? ¿Qué te ha hecho este hombre? - dijo Argus sin entender nada.

- ¡No lo escuches Argus! este pescador esta enloqueciendo en esta celda, no lo escuches. - dije intentando que Donovan no desvelara a Argus su identidad.

- Capitán Argus, soy James Donovan... el hombre más buscado de los mares de Europa, mi cabeza se paga su peso en oro, no pierdan más tiempo y pidan apoyo a la corona sueca a cambio de mi cabeza. Yo maté a su hijo, el príncipe heredero Konemar. - Comentó Donovan ante un sorprendido capitán Argus...

- ¿Eres Donovan? No mientas sino seréis ahorcados y arrojados a los perros.

- Sí, y la única persona inteligente en este país que ha sido capaz de llevarme hasta estos barrotes es la princesa Hanne, creo que esto se merece los honores de reina, las cosas irían mucho mejor en estas tierras bajo su mandato.

Hanne lloraba viendo como Donovan hacía todo aquello por ella y por el bien de Dinamarca. El desfallecido Dagmar puso su mano en su espalda intentando consolarla.

- Llevad a la princesa a su aposento soldados. - Gritó Argus con odio en los ojos.

- ¿Qué le vais a hacer Argus?

- Eso lo decidirá el rey, sabía que este hombre era un pirata desde que lo vi, te ha estado ocultando su identidad Hanne, te has enamorado como una estúpida del mercenario más buscado. Eres la vergüenza de Dinamarca.

- Nunca me ha ocultado nada Argus, siempre ha sido sincero conmigo y me ha respetado mucho más que los mandatarios de mi propio país.

- Hanne, no sufras por mí.... - Gritó Donovan mientras veía como los soldados se llevaban forzosamente a Hanne hacia su aposento.

Donovan fue esposado y llevado a comparecer ante el rey para ser interrogado. En Palacio corrió la noticia como un rayo en la tormenta. Junto al rey habían más mandatarios y cargos militares para colaborar en las decisiones que se tomaran ante el pirata por el que se sentían amenazados desde días atrás. Todos aguardaban sentados en aquella gran sala para contemplar al hombre más buscado en Europa en aquellos momentos por muchos países. El murmullo era latente en la sala hasta que el rey clamó silencio alzando su mano y ordenara la aparición de Donovan.

Se abrió la puerta de la sala haciendo presencia tras ella varios soldados de la guardia empuñando espada en mano en la custodia de Donovan que con aspecto tranquilo y sereno se plantó frente al rey que permanecía sentado observándolo. El silencio duró unos instantes hasta que el rey se pronunció a Donovan.

- Así que estamos delante de la famosa serpiente marina que roba y mata en estos mares a todo aquel que se cruza en su camino y que además se ha dejado humillar por los ingleses. ¿Es cierto que es usted el mismísimo Donovan? dijo el rey poniéndose en pie.

- Sí, así es Rey Erik III, me tenéis ante vos ¿impresionado? - dijo Donovan de forma chulesca como audaz pirata curtido por la vida.

- Veníais a estas costas de Dinamarca con dos navíos cargados de salvajes para invadirnos. ¿No es así? - Gritó furiosamente clavando su mirada en él.

- Aha...y todavía están a tiempo de salvar sus posaderas, fui engañado por la princesa Hanne, ella es la que me hizo llegar hasta Skagen para ser apresado. Ya ve como son las mujeres, uno no se puede fiar ¿verdad Rey Erik? dijo Donovan totalmente tranquilo y guiñándole un ojo pícaramente.

- ¿La princesa Hanne tramó todo esto para apresarte? Jajaja mi loca y rebelde hija, no sabía de su inteligencia señores. - dijo el rey hacia los presentes en la sala que rieron ante la desagradable broma del rey.

- Pues así fue rey Erik, supongo que su hijo el capitán Argus le habrá sugerido que puede hacer con mi persona para salvarles el culo a todos ustedes.

- A mis oídos llegó la noticia de que tu mataste al príncipe heredero de Suecia. dijo el rey sentándose otra vez en el trono de madera que presidía la sala.

- ¿A qué esperan a entregarme? Ellos a cambio de mi persona les ofrecerán su ayuda en esta guerra.

El rey se levantó lentamente otra vez para acercarse hasta estar delante de él, este se plantó frente al rostro magullado de Donovan con el odio más absoluto.

- Debes morir por ello, nuestro mejor mensajero ha salido camino de Suecia para comunicarles nuestra petición de ayuda en esta guerra a cambio de entregarte vivo a Erkssen y si niegan su ayuda a nuestra patria te cortaremos la cabeza nosotros mismos.

- Bien, sé que el rey Erkssen ofrecería hasta a sus propios dioses a Dinamarca a cambio de mi cabeza.

- ¿Le puedo hacer una petición personal rey Erik?

- ¿Una petición? Jajajaja claro muéstrame tu petición y aquí será evaluada perro bastardo.

- Deje que mis dos hombres luchen por Dinamarca, déles una oportunidad y una vida digna sirviendo a esta patria. Serán excelentes soldados. Le doy mi palabra.

- Acepto su petición por la escasez de efectivos en la que nos encontramos, serán enviados a las costas para combatir el ataque enemigo que venga por mar. ¿Satisfecho?

- Enormemente Rey Erik.

Donovan veía al rey de espaldas volver a su trono con pasos cortos, parecía pensativo ante aquella charla, cuando Donovan se volvió a pronunciar.

- Tiene una admirable hija rey Erik, la princesa Hanne defiende y quiere a su país como ninguna otra persona he conocido en mi vida. Debe usted imaginar que yo he vivido bastante en la vida para afirmar esas palabras de la princesa ante usted. - dijo Donovan desafiante al Rey.

- Mi hija Hanne, ¿La princesa plebeya que desobedece cualquier orden y estamento?..La loca, la enamorada del mar...la ausente, la rebelde...La deshonra de Dinamarca... ¿a ella te refieres?

- Será la futura reina que precisa este país repleto de culebras hambrientas de codicia y avaricia, como lo son ustedes. He navegado por mil mares, he visto morir legiones de hombres, he conocido miles de soldados de todas las calañas y lo que veo en los ojos de los presentes aquí no es lo que suelo ver en las gentes humildes de los pueblos de Europa. Además ustedes van a huir en ese barco repleto de cobardes a Noruega.

- Sí, ¡antes de que tus sanguinarios lleguen a estas costas para verter la sangre de los daneses! - Gritó uno de los presentes en la sala desbordado por el miedo.

- Bien, lamento comunicarles que ese barco en el que pretenden escapar hacia Noruega nunca llegará a su destino. Un gran número de mercenarios está anclado en el islote de Krauss esperando a que ustedes huyan por aquellas aguas para ir a Noruega, serán asaltados sin piedad, torturados y con un poco de suerte entregados a la corona inglesa.

- ¿Eso es lo que se pactó con la corona británica por vuestra parte? ¡malditos! - dijo el Rey cada vez más nervioso.

- Sí, los ingleses sabían que usted escaparía a Noruega llegado el caso de la perdición de Dinamarca. Con ello lamento decirles de nuevo a todos los presentes que aquí no va a desembarcar ningún barco de piratas irlandeses sanguinarios ... en realidad están de camino varios barcos de guerra ingleses que arrasaran sin piedad con todo lo que se cruce a su paso.

Los presentes se miraron entre sí con el miedo reflejado en sus rostros. Los rumores en la sala cada vez eran más intensos. El rey permanecía absorto en sí mismo e impotente ante las palabras de Donovan. Había roto todos los planes trazados de huida. Los mandos militares se acercaban al rey gesticulando enérgicamente, veían que el peligro esta vez era aún mayor. Donovan tenía las manos atadas a la espalda, observando con indiferencia lo que acontecía ante él, calculaba en su mente el plan a trazar para ayudar al pueblo de Dinamarca.

El ruido en la sala era un constante murmullo desenfrenado de hipótesis y alternativas inútiles para huir de Skagen. La desesperación en los rostros de los presentes allí, despertaba una leve sonrisa a Donovan que sabía como dominar la situación. El momento cada vez era más caótico, todos querían hablar con el rey que no parecía encontrar ninguna solución al problema. Permanecía cabizbajo escuchando las estériles propuestas de sus camaradas.

- ¡Tengo una alternativa! - Gritó Donovan ante todos ellos que quedaron en silencio tras la exclamación. Las miradas estaban puestas con la máxima atención en él en ese momento. El rey Erik levantó la mano haciendo una seña para concederle la palabra como si fuera uno de ellos, el miedo lo había invadido por completo. El rey Erik parecía fuera de sí.

- No les puedo garantizar la victoria en esta guerra pero si sé como hacer frente a todo barco que se acerque a estas tierras del Norte.

- ¡Habla bastardo! Espero que tus palabras alienten mi corazón sino seré yo mismo quien te mate. - dijo el rey impaciente.

- Necesito que esté presente la Princesa Hanne ante mi propuesta Rey Erik, es de suma importancia. dijo Donovan seriamente.

El rey respiró profundamente y balbuceó algún insulto silenciosamente de desaprobación en sus adentros, mandó de mala gana que trajeran a la princesa Hanne. En pocos instantes se presentó en la sala acompañada de un soldado de la guardia. Ella se mostró seria ante el rey al que otorgó un saludo de protocolo, colocándose al lado de Donovan.

- Ese no es el lugar de una princesa - dijo el rey.

- No he sido llamada para discutir con vos mi rey, he sido llamada para escuchar las palabras que este hombre quiere proclamar ante ti, le debo todo mi respeto y permaneceré a su lado.

- Rey Erik ...humm ¿qué le pediría usted a los dioses en este momento tan difícil para ustedes los presentes...perdón quería decir para su país? dijo Donovan con sarna.

- Te crees muy gracioso maldito pirata, otra falta de respeto a nuestro rey y te corto la cabeza aquí mismo dijo el soldado que tenía Donovan tras de él muy furioso.

El rey lo miraba pensativo, sabía que Donovan era un hombre inteligente que había vivido mil batallas en su piel. Todo era silencio hasta que se inclinó desde su trono a pronunciar lo que se le había preguntado.

- Machacar a esa escoria inglesa que nos quiere invadir sin perdón alguno.

- Bien, le puedo otorgar esa posibilidad Rey Erik, pero quiero algo a cambio.

- ¿Cuál es esa posibilidad?

- Muy cerca de aquí en las costas de Goteburgo reside un viejo pirata que me debe varios favores por no entrometerme en sus negocios marítimos...ya me entiende. Él es Andreas Bergen es un mercenario sueco que colabora en batallas con el ejército sueco y también navega por donde los diablos del mar lo llevan para digamos así...hacer la competencia a mi persona. No es mi camarada pero nos mantenemos un gran respeto mutuo. - dijo Donovan sacando una sonrisa a Hanne que lo miraba expectante.

- ¿Qué quieres decirme con eso Donovan? - dijo el rey impaciente.

- Andreas Bergen tiene una flota de unos quince barcos repletos de mercenarios bien adiestrados en la lucha con lo que haríamos frente a esos barcos ingleses y a las tropas que vienen del sur del país. Los ingleses no mandaran a esta costa más de cinco barcos. Estas aguas son muy peligrosas y no correrán riesgos de perder embarcaciones, eso corre a nuestro favor.

- Sé quien es ese Bergen, otro maldito hombre de tu misma calaña, pero he de reconocer que sería una gran alternativa para vencer esta odiosa guerra. ¿Qué debo ofrecerte a cambio? - dijo el rey con expectación.

- Le pido con la aprobación de la princesa Hanne que me conceda la mano de su hija.

Capítulo 17

Tras las palabras de Donovan volvieron a escucharse aquellos sonoros rumores en la sala. Nadie de los presentes aprobaba la petición expresada momentos antes por el interrogado. El rey permanecía callado mirando a Hanne sin mover el rictus de su rostro. Parecía un espectro perdido en el tiempo.

- ¡Silencio! - Gritó fuertemente el rey como un gran estruendo en la tormenta. Se levantó de su trono hasta acercarse a Hanne con decisión. La sala enmudeció expectante esperando la respuesta que debía tomar el rey. Se plantó a poca distancia de Hanne en seco sin dejar de mirarla. Cogió aire mirando al techo y volvió a centrar la mirada en su hija. Hanne permanecía seria y firme ante su padre.

- Tu hermano Argus me ha informado de lo que sientes por este pirata, se que os conocéis de hace tiempo. ¿De verdad aceptarías su petición? - dijo el rey Erik por primera vez de forma pacífica ante su hija. Un fugaz atisbo de comprensión salió de aquel infranqueable corazón en aquel momento hacia Hanne, una hija a la que nunca llegó a entender. Pero quizás egoístamente era la única opción que tenía para salvarse a sí mismo.

- Sí padre, amo a este hombre desde el día en el que le salvé la vida. Además, el no mató al príncipe Konemar de Suecia, uno de sus hombres lo mató desobedeciendo sus órdenes. El ha mostrado su identidad ante ti para salvar mi vida. Es un acto de nobleza padre.

- Sí, lo reconozco, la valentía de entregar su vida por salvarte demuestra como está forjado su corazón, inevitablemente es un salvaje que vive en los mares escondido como un lobo mercenario, pero admito que es un hombre noble, debes saber lo que pasará si aceptas ¿verdad?

- Sí, sé que dejaría de pertenecer a la realeza de mi patria Dinamarca, es algo que nunca sentí padre y acepto ante vos y los presentes el compromiso que ello me otorga.

El Rey Erik se colocó lentamente delante de Donovan como si calculara cada una de las palabras que iban a salir de sus labios. Su actitud parecía desafiante pero a la vez impotente ante tal situación.

- Bien, acepto vuestra petición extranjero, he de confesar que como padre observo por primera vez en mi vida, un brillo especial en los ojos de mi hija Hanne, un brillo que nunca había visto antes ha aparecido al hablar de usted. Es igual que su madre la reina Astrid, todo lo que salía puramente de su corazón lo expresaba de igual forma que Hanne, esa luz en los ojos me advierte que... os ama.

- Rey Erik agradezco cortésmente sus palabras, además quiero confesarle que ya no pertenezco a ningún clan o banda de mercenarios, Hanne ha cambiado mi vida desde que me encontró medio muerto en la playa de Skagen. - dijo Donovan entregando la sinceridad de su alma al rey.

- Tendrás la mano de mi hija cuando este conflicto haya terminado y seamos los justos vencedores de esta guerra, antes no. Si no consigues esos barcos nunca tendrás a mi hija y serás entregado a Suecia.

- Acepto su deseo rey Erik, así será.

- ¿Que necesitáis para encontrar a ese Krauss?

- Necesito a mis dos hombres, algunos soldados y una buena embarcación con provisiones para llegar a una zona que solo yo conozco de las costas de Suecia donde se esconde ese mercenario.

- Concedido. - dijo el rey.

- Padre yo iré con él, dejadme ir lo suplico. - dijo Hanne agarrando apresuradamente la mano al rey.

- Confío en que no le suceda nada a mi hija sino te perseguiré por cielo tierra y mar por toda la eternidad James Donovan.

- Confíe en mi rey Erik, volveré con su hija y con esos quince barcos para defender el honor de su bandera. Le doy mi palabra.

La aprobación del rey Erik ante la petición de Donovan era algo que ha Hanne le había sorprendido, nunca habría esperado que su infranqueable padre hubiera permitido conceder la mano de la princesa a un hombre con la reputación de Donovan. Por otra parte el capitán Argus después de ser informado de lo acontecido en la reunión, corrió por los pasillos de palacio escupiendo mares de cólera respecto a lo acordado por el rey con el hombre que vino de las olas. Argus odiaba a muerte a Donovan.

Esa noche Hanne se encontraba en su aposento preparando ropas para el viaje que les esperaba al amanecer camino de Suecia. Sonó su puerta un par de veces. Tras la puerta apareció una sirvienta con un sobre que entregó a Hanne de carácter urgente. Lo Abrió observando que el remitente de esa carta era Dagmar. Decía lo siguiente:

Querida Hanne,

Lamento todo lo que está aconteciendo en palacio estos días. Me han reclutado con un pequeño ejército de soldados en la costa de Skagen donde haremos vigilancia de sol a sol sin descanso. Mi querida Hanne también quería comunicarle que la anciana Druna está en cama acabando sus últimos días entre nosotros. Me pidió que le comunicara personalmente a usted que antes de que se marche del mundo de los vivos la vaya a visitar.

Mis respetos y amistad para usted.

Dagmar Friedgman

Aquella noche me fue imposible acudir a visitar a Druna. Los preparativos para el viaje y la temprana hora de partida hacia Suecia me hacían imposible ir en su encuentro. Mandé a dos de mis mejores asistentas a su casa para ayudar a Druna en todo lo que fuera posible hasta mi vuelta. Sentía tristeza por Druna, para mi era una de las personas mas emblemáticas en Skagen desde mi niñez.

Faltaban pocos instantes para que llegara el alba, cuando nuestro carruaje partió desde el palacio de Ejnar hacia el pequeño embarcadero de los pescadores de Skagen en medio de la aún fría oscuridad. Íbamos muy abrigados y preparados esta vez para nuestro viaje por mar. Donovan en todo momento permanecía sentado a mi lado cubriéndome con su brazo sujetando una gran manta para resguardarme del frío. Sus dos hombres iban durmiendo con los brazos cruzados frente nuestro. También nos acompañaban cuatro soldados de la guardia soñolientos.

- ¿Nos cruzaremos con los hombres de Rooney en nuestro camino? - dije a Donovan que permanecía pensativo observando las fugaces primeras luces del amanecer a lo lejos.

- Sí, pero ellos solo aguardan a que pasen grandes embarcaciones para actuar. Pensaran que somos pescadores.

- ¿Crees que ese tal Andreas Bergen accederá a tu petición? - Pregunté acariciando la piel de su rostro.

- Hace siglos que no hablo con él, desconozco su reacción ante nuestra visita, nuestra rivalidad es muy grande, hasta a veces nos hemos enemistado en alguna ocasión por adelantarnos en robar mercancías en aguas que no eran las nuestras, pero nos invade un gran respeto mutuo que avala la posibilidad de que acceda a mi propuesta.

- Morirán muchos de sus hombres si acepta participar en esta guerra y posiblemente perderá algún valioso barco pero ¿Qué es lo tiene en deuda contigo como para que decida ayudar a mi país?

- Su hijo navegó durante mucho tiempo bajo mis órdenes, se forjó como un gran marinero experimentado durante muchos años, vivió todas las adversida- des de la navegación a mi lado, además obtuvo una gran experiencia en la lucha en alta mar. Las grandes diferencias personales con su padre le hicieron abandonar Suecia para sumarse al grupo de hombres que me acompañaban en mis viajes por Europa. Él sabía que navegar junto al pirata que hacía sombra a su padre, sería el peor castigo para su progenitor. Pocos años más tarde se alistó en el ejército sueco en el que ascendió a capitán de navío obteniendo una gran reputación.

- ¿Y qué pasó con él?

- Durante un enfrentamiento entre los hombres de Andreas Bergen y el ejército sueco, su hijo falleció valientemente en manos de su propio padre que nunca le perdonó aquel abandono.

- ¿Pero ese pirata también apoya al ejército sueco dijiste ante mi padre?

- Sí, su arrepentimiento y dolor a los pocos días de haber matado a su propio hijo fue tan inmenso que se ofreció a colaborar con su propio país en tareas militares como castigo a sí mismo.

Llegamos a la pequeña bahía donde los pescadores tenían el amarre de sus embarcaciones pesqueras. Era un pequeño embarcadero natural de rocas agrupadas entre sí, en una hendidura dentro de la costa, de esa forma quedaban protegidas de los días de tempestad. Ese día las barcas golpeaban sus maderas desgastadas con aquellas erosionadas rocas por las constantes ráfagas de viento que venían del este.

Con el sol ya en nuestras espaldas Donovan escogió hábilmente la barca más grande y rápida con la que debíamos partir hacia las costas de Suecia.

En plena alta mar pudimos observar como un pequeño banco de delfines nos complacía con su simpática compañía, saltando en formación a nuestro lado hasta que desaparecieron mar adentro. Donovan me advirtió que eso eran buenos augurios. Poco más tarde pasamos a varias millas del islote de Krauss sin temor alguno de ser apresados. A lo lejos se podía divisar diminutamente el barco pirata que lideraba en esos momentos el viejo Rooney, desde nuestra posición parecía una pequeña astilla de madera con alas blancas.

Me quedé dormida por el cansancio del viaje durante varias horas hasta que noté como me despertaba alguien con unos leves toques en mi brazo. Abrí mis ojos y observé a Donovan con la mano en sus labios haciéndome señas de que no hiciera ruido y observara algo que estaba sucediendo junto a la embarcación. Me incorporé lentamente para poder alzar mi vista hacia uno de los extremos de nuestra barca. En aquellos momentos no había rastro del viento que nos empujaba y los hombres no remaban, estaban absortos en lo que sucedía a nuestro alrededor. Miré donde todos tenían puestas sus miradas, para ver ante mi un increíble desfile de grandes ballenas con sus crías que a pocos metros nuestro pasaban en nuestra misma dirección como una procesión silenciosa. Una de ellas rozó nuestro costado derecho haciendo tambalear la barca peligrosamente.

- Si se habrían sentido alertadas, ya estaríamos en las profundidades. dijo Donovan volviendo a los remos.

- Es increíble nunca las había visto. - dije impresionada y observando como se alejaban.

- He visto miles de ellas Hanne y pulpos gigantes lo suficiente grandes como para engullir esta embarcación hasta el vientre del océano, tiburones devorar a marineros vorazmente como si estuvieran dándose un festín, delfines salvar la vida a náufragos perdidos en la inmensidad y el misterioso canto de las sirenas en la noche. - dijo guiñándome un ojo cómicamente.

- ¿Sirenas? - dije sin creerme su última afirmación.

- La única sirena que he visto en realidad eres tú ¿pero debo seguir manteniendo viva su leyenda no? - dijo sonriente.

Esa misma mañana en las costas de Skagen aparecieron muy cerca de la costa anclados cinco barcos ingleses tal y como Donovan había vaticinado al rey el día antes. La alerta en palacio tras aquella aparición hizo provocar el pánico a todas las gentes del norte. En la aldea permanecían todos escondidos en sus casas por orden de los militares. Todo el ejército se concentró en las playas a la espera que desembarcara en la playa aquel ejército de invasores británicos.

El capitán Argus estaba al mando junto con todos sus soldados en la costa esperando aquel desembarco inminente. No disponía de más de ciento cuarenta soldados aguardando escondidos en la playas, algunos eran jóvenes sin apenas saber utilizar un arma. Los ingleses podrían desembarcar con más de quinientos soldados.

El mal presagio y el desánimo se respiraba en las filas danesas ante aquella inevitable campaña.

Muy cerca de las costas de Suecia y ya muy adentrada la tarde Donovan divisó uno de los barcos de Andreas Bergen que se aproximaba a extrema velocidad hacia nosotros como un monstruo marino en busca de su presa. El viento era insuficiente en aquellos momentos para huir ante aquel encuentro. Nuestra única posibilidad era esperar sin remedio a que nuestro visitante se acercara a nuestra embarcación e intentar contactar con Andreas. Era un galeón muy viejo con maderas desgastadas por el mar. Sus velas amarillentas se semejaban al barco que Donovan lideraba tiempos atrás. Se plantó a pocos metros nuestro como un coloso tambaleante. Los hombres de aquel navío se amontonaban curiosamente observando con todo detalle nuestra presencia en su camino. Indudablemente eran piratas de todas partes de Europa. Donovan alzó el brazo subido en lo más alto de nuestra barca y gritó.

- Soy James Donovan estoy buscando a Andreas Bergen.

- ¿James Donovan? ¿La maldita barracuda irlandesa que crió al hijo de Bergen?

- ¡Sí! el mismo camarada.

Una ristra de insultos e injurias se escucharon de las gargantas de aquellos piratas mal vestidos y de aspecto desagradable tras su identificación. Donovan gesticuló con una cómica mueca a Hanne ante el griterío de aquellos lobos mar.

- Ves Hanne, la facilidad que tengo para crear amigos. - dijo irónicamente a Hanne con una sonrisa esperando a que aquellos piratas terminaran de insultarlo e incluso tirar cosas al bote.

- ¿Cómo podemos saber que eres ese miserable irlandés que nos roba en nuestras propias aguas? - dijo un pirata de aspecto rudo y con gran melena rubia.

Donovan tras esa pregunta miró a sus dos hombres pensativo, echándose el pelo hacia atrás buscando una respuesta. No sabía como demostrar que realmente era él. Uno de sus hombres le comentó algo en español que no entendí yo ni los soldados de la guardia que nos acompañaban. James aprobó el comentario de su camarada propiciándole una gran palmada en la espalda.

- ¿En tu embarcación está ese maldito anciano cocinero llamado Adam el francés? Que envenenó a una tripulación entera de Napoleón.

- Sí, es el cocinero personal de Bergen. ¡Traedlo aquí! - Gritó el sucio pirata entre la multitud, uno de ellos salió en su busca hacia el interior de aquel barco.

- ¿Lo conoces Donovan? - dije a Donovan con inquietud y cierto miedo. No quería pensar en la idea de verme envuelta en aquellas aguas otra vez.

- Sí, no temas Hanne, ese hombre navegó con nosotros una larga temporada huyendo de los franceses tras desertar de un barco de guerra de Napoleón. Es un anciano con brotes de asesino pero la exquisitez de su arte cocinando el pescado enloquecería hasta a los dioses de tu nación.

A los pocos instantes apareció entre las cabezas asomadas de aquel galeón un hombre de pelo blanco y de muy avanzada edad. Sus gestos enérgicos con las manos le daban cierto aire juvenil.

- ¡Maldito James! Que Neptuno me envuelva en sus aguas oscuras con los cachalotes ¿Qué demonios haces en esa barcucha? ¿Tan mal te van las cosas? - dijo totalmente sorprendido y ante las risas de los presentes.

- Son tiempos difíciles Adam, la vida de pirata desalmado ya no es lo que era viejo amigo, aquí te presento a mi nueva tripulación. dijo Donovan señalando a los que estábamos en la barca. Seguidamente las risas volvieron a escucharse desde lo alto de aquel viejo galeón.

- ¿Navegas con una bella mujer? ¿La has cambiado por Rooney? dijo el anciano entre carcajadas.

- Es una temible pirata danesa, así que no acerques tu galeón a nosotros sino te saltará al cuello como una serpiente venenosa. dijo Donovan despertando las carcajadas de todos aquellos hombres. Hanne se reía vergonzosamente ante la mirada de Donovan que la observaba sonriente guiñándole un ojo.

- ¡Estás bromeando viejo amigo! ¿Qué hacéis por estas aguas? - dijo el anciano.

- Necesito ver a Andreas Bergen es muy importante.

- Bergen está en Goteburgo desde hace mucho tiempo, cada vez le tiene más odio a esta maldita humedad del mar. Además saltará a tu cuello si vas en su busca James.

- Viejo Adam, siempre sentí respeto por quien os maneja en estas aguas, aunque quizás me guarde algo de rencor por lo de su hijo, lo admito, pero debo encontrarlo ¿Cómo puedo llegar a él?

- Estáis a pocas millas de Goteburgo, debéis buscarlo allí, cuando lleguéis a la ciudad preguntad por la taberna del Pez Dorado, tiene una gran silueta dorada de pez espada en su entrada. Allí siempre saben de su paradero aunque debéis llevar cuidado y más si lleváis una dama entre vosotros.

- ¡Así lo haremos Viejo Adam! Seguimos con nuestro camino. Nos volveremos a ver y nos deleitarás con tus guisos celestiales a todos. - dijo Donovan con la mano alzada a Adam. Nuestra embarcación tomó rumbo a Goteburgo siguiendo las indicaciones del mapa que poseíamos, en todo momento nos orientaba uno de los expertos navegantes de procedencia española que a Donovan le acompañaban. Por suerte los fuertes vientos en aquella parte de Europa siempre eran constantes, ello facilitaba la navegación a pescadores y mercantes pero también eran aguas muy peligrosas donde habían naufragado muchos barcos por la crudeza salvaje de sus tormentas.

La noche caía suavemente ante nosotros, la fugaz silueta del sol se escondía en lo más profundo del corazón del océano, como yo siempre solía observar en palacio desde mi niñez. Goteburgo estaba ya ante nosotros. Se apreciaban las luces del interior de las casas en las ventanas, parecían estrellas pintadas en aquella oscuridad cada vez más intensa. Muchos hilos blancos de humo procedente de las chimeneas desfilaban a los cielos para perderse en el infinito. Algunas barcas de pescadores muy próximas a nosotros se dirigían a puerto ante la atenta mirada de sus tripulantes que con curiosidad observaban nuestra presencia allí. Donovan mandó a los soldados de la guardia cambiarse de ropajes. No podían pasearse por la ciudad vestidos de soldados daneses. A medida que nos íbamos acercando al puerto podíamos apreciar la gran cantidad de barcos anclados allí. Barcos mercantes, pescadores y algún que otro barco de la marina militar sueca. Donovan reconoció muchos de los barcos de Bergen allí anclados como monstruos marinos deseosos de partir.

Nunca antes había visto una ciudad como aquella ante mis ojos. Mi curiosidad radiaba por momentos como una luz que despertaba desde dentro de mí. Jamás había salido de Skagen y aquella visita era como una pequeña aventura que podría traernos esperanzas. Era un mundo nuevo para mí, incluso el olor a pescado cocinado que llegaba hasta nosotros mientras nos acercábamos a un amarre, me fascinaba.

- Hanne te brillan los ojos, no pierdes la vista de la ciudad que tienes ante ti. ¿Nunca saliste de Dinamarca?

- No, siempre estuve recluida en Skagen, mi mapa del mundo particular era aquella playa donde te encontré. Allí imaginaba como podría ser más allá del mar y he de reconocer que es mucho mejor de como lo imaginaba. Siento envidia por todas las personas y lugares que se hayan cruzado en tu vida James.

- Hanne, deberás hacerte pasar por una muchacha muda, tú no hablas el idioma de esta gente y sería muy peligroso que supieran quien eres. Aquí la mayoría son mercantes y pescadores, pero existe gente muy peligrosa.

- De acuerdo James. - dije dando un abrazo a Donovan. Me aproximé a su oído para susurrarle - Me alegro cada vez más de haberte encontrado aquella mañana en la playa .... Te quiero malvado pirata con cara de delfín. - dije volviendo mi rostro hacia el suyo con una sonrisa.

- Yo también Hanne, me siento el hombre más afortunado de la tierra a tu lado.

Nos adentramos en plena noche en las oscuras y humeantes callejuelas de Goteburgo después de amarrar nuestra embarcación. Una vieja prostituta borracha nos guió a duras penas hasta la posada del Pez Dorado. Estaba situado en la zona baja de la ciudad donde se reúnen los piratas y gentes de más mala reputación. A nuestro paso solo encontrábamos borrachos en el suelo delante de las puertas de las tabernas. Los vómitos en los suelos y los orines hacían muy desagradable nuestro camino en la búsqueda de aquella taberna. En nuestro camino vimos alguna que otra pelea entre maleantes discutiendo por las pesquisas durante el día. También oíamos cánticos en el interior de algunos de aquellos mesones que con poca luz en su interior, se veían atiborrados de hombres temerarios que se asomaban al vernos pasar con miradas poco amigables. Donovan me cogía de la mano en todo momento. Íbamos tras sus dos hombres en busca de aquella posada siguiendo el camino que nos indicó la vieja prostituta. A nuestras espaldas nos seguían los camuflados soldados de la guardia que vigilaban por nuestra seguridad como perros guardianes.

En una de aquellas callejuelas un hombre que permanecía apoyado en la pared en plena oscuridad se balanceó sobre mi cuerpo intentando poner sus sucias zarpas sobre mis pechos. Donovan puso su mano en su cuello apretándolo sin dejarle respirar apenas.

- Yo de ti no haría eso maldito. - dijo Donovan con odio.

- No le hagas nada Donovan, es solo un borracho. - dije rompiendo el pacto de no hablar en danés en aquella ciudad.

El hombre me miró con extrañeza al ver que mi lenguaje no era el que se hablaba en aquellas tierras. James mantenía su mano tensa apretando su cuello sin dejarle opción de movilidad. Aquel hombre de aspecto desagradable miró con atención el tatuaje de la estrella en el brazo de Donovan. Sus ojos se abrieron como platos, parecía saber quien era la persona que en esos momentos le mantenía atrapado.

- Maldito borracho lárgate de nuestra vista sino quieres que esta sea tu última borrachera. - dijo Donovan soltándolo de nuestro camino con un soberbio empujón que le hizo caer en las sucias baldosas de aquel callejón. El hombre se levantó temeroso y empezó a gritar.

- ¡James Donovan!!! ¡Venid!!! ¡Está aquí! ¡En nuestra ciudad!! ¡Viene con extranjeros!! ¡James Donovan! ¡Que no escape! - Gritó aquel hombre en la callejuela.

De la oscuridad empezaron a sentirse pasos a gran velocidad que se acercaban hacia nosotros. Había alertado a borrachos, ladrones, maleantes y piratas que se encontraban tirados en las calles y en las tabernas cercanas a nosotros.

- ¡Seguidme! - Gritó James mientras enfilaba un callejón que había ante nosotros. Su mano no se despegaba de la mía. Con mucha dificultad podía mantener la velocidad de sus zancadas en aquella huida desesperada. Detrás de nosotros una veintena de hombres corrían en nuestra busca. Los cuatro soldados de la guardia que nos custodiaban se enzarzaron en una lucha frenética ante aquellos hombres para dejarnos vía libre en nuestra huida. Eran de los mejores hombres de la guardia del palacio. Los perdimos de vista a medida que corríamos. Tras perdernos en aquella huida llegamos a un largo callejón solitario, Donovan paró en seco al percibir mi falta de oxígeno. Delante nuestro en la acera de enfrente había dos niños dormidos bajo un carro de madera abandonado. Despertaron al escuchar nuestra frenética llegada. Sus ojos atemorizados nos contemplaban desde la penumbra de aquella calle con miedo. Los dos hombres de Donovan apoyaron sus espaldas en la pared totalmente agotados por la huida retomando aire en sus pulmones.

- Muy noble lo que han hecho tus soldados Hanne. dijo Donovan apreciando el gesto de aquellos cuatro hombres.

- Pertenecen a la escolta personal de mi padre, debemos hacer algo, no quiero dejarlos perdidos en estas calles. - dije con preocupación.

James se acercó a los dos niños que se ocultaban debajo del carro abandonado. Estaban envueltos entre una manta muy sucia. No debía tener más de siete años el que cuidaba al que parecía ser su hermano pequeño. Sus caras estaban sucias y sus ropas muy haraposas. Nos miraban sin entender nada. James se acachó delante de ellos.

- Lamento que os hayamos despertado muchachos con este susto pero me gustaría preguntaros si sabéis donde se encuentra la posada del Pez Dorado.

Uno de ellos señaló con su brazo a una de las calles que teníamos delante y desde donde a lo lejos se podía apreciar alboroto en la callejuela.

- Señor está al final de esa calle. dijo el que parecía el mayor.

- Gracias, ¿y vuestros padres?

- No tenemos padres señor, nos abandonaron a muy temprana edad. Yo cuido de mi hermano pequeño con lo que puedo trabajando en el muelle descargando pescado.

Donovan se giró hacia mí con tristeza explicándome lo que el chico le había dicho. De uno de los bolsillos de mi vestido saqué dos monedas de oro, era lo único que tenía en mi poder. Se las di a Donovan para que se las entregara.

- Tomad, con esto podréis comer bien y vestir ropas dignas durante algún tiempo.

- Gracias señor es usted muy amable ¿Cómo se llama? - dijo el muchacho irradiando felicidad.

- Hummm...dale las gracias a ella yo me llamo James Donovan.

- Gracias por las monedas ¿Cómo se llama usted señorita? - dijo el muchacho a Hanne educadamente.

No entendía su idioma apenas, pero esas palabras las pude entender.

- Soy la princesa Hanne de Dinamarca muchacho. dije al muchacho alargando mi mano a su rostro.

El niño se quedó perplejo ante mi afirmación. Me devolvió una sonrisa y obligó a su hermano pequeño a levantarse junto con él para los dos así hacerme una amable reverencia. Sonreí ante aquel noble gesto.

- Que Dios cuide de vosotros hijos de Suecia. dije sin que ellos me entendieran.

A lo lejos en esos instantes vimos a los cuatro soldados de la guardia llegar fatigados. Uno de ellos llevaba una gran herida en el hombro por algún puñal de aquellos vándalos durante la trifulca en aquella calle mientras huíamos. Se sumaron a nosotros en la búsqueda del Pez Dorado.

Capítulo 18

La silueta dibujada en la pared del Pez Dorado estaba por fin ya ante nosotros. Su entrada estaba iluminada con un par de farolas de cristal dorado que resaltaban aquel pintoresco dibujo en la pared blanquecina. El portón se abrió ante nosotros estrepitosamente viendo salir a unas prostitutas engatusando a unos marineros totalmente beodos. El marinero más joven hizo un comentario obsceno al pasar por mi lado en referencia a mi escotado vestido. Uno de mis soldados de la guardia le propició una soberbia patada en el trasero la cual le hizo caer de bruces en el suelo ante las risas de las prostitutas.

Abrimos el portón de madera para encontrar ante nosotros una marea humana de hombres bebiendo alrededor de mesas de madera. Bebían apelotonados como animales y hablaban muy alto entre ellos empuñando grandes tazas de vino.

El ambiente estaba muy cargado y la olor del lugar francamente era muy desagradable. Se nos acercó una mujer mayor con aspecto de ser la dueña del mesón nos proporcionó una amplia mesa en una de las esquinas de la taberna. Podía sentir como las miradas se pegaban a nuestras espaldas. No éramos personas que frecuentaban ese lugar. Los hombres me miraban de arriba abajo sin respeto alguno. Allí una mujer solo era pura mercancía de diversión para contrabandistas, ladrones y gentes de esa calaña.

- ¿De paso por Goteburgo? - dijo la camarera despertando su curiosidad.

- Sí, estamos buscando a Andreas Bergen, nos dijeron que aquí nos pueden indicar su paradero en la ciudad.

La mujer miró a Donovan con desconfianza. - Bien después de que beban y se diviertan quizás podamos ayudarles.

Tras varias rondas de un vino muy mediocre y una cena indigerible llegó la madrugada. Solo quedábamos nosotros en aquel mesón infectado de maleantes horas antes. Ya era muy tarde, el silencio se apoderó de la noche dejando aquellas callejuelas vacías de extraños noctámbulos. En la barra solo estaba la mujer que nos hizo aguardar en aquella mesa durante toda la noche. Las chicas que la ayudaban a servir ya se habían marchado con algunos clientes para acabar de terminar la noche más placenteramente. Por lo que intuimos aquella mujer debía ser la dueña del Pez Dorado.

Lo que pude observar en ella durante nuestra estancia en el local, era su marcada personalidad, ello le debía servir para lidiar cada noche con aquella marea constante de personajes extraños que transitaban por allí en busca de negocios oscuros, bebida y mujeres. Su cara mostraba tristemente una gran quemadura en uno de sus pómulos de lo que pudiera haber sido alguna reyerta o pelea. Cerró la puerta para asegurarse de que nadie entrara, apagó todos los candelabros que permanecían encendidos para que desde el callejón no nos descubriera nadie allí dentro. Solo nos alumbraba un pequeño candil que colgaba de la sucia pared de nuestra mesa. La mujer se sentó en el centro de la mesa, volviendo a servir otra ronda de aquel decrépito vino avinagrado que me producía dolor de cabeza.

- ¿Qué queréis de Andreas Bergen? - Pronunció mirando a cada uno de nosotros con atención.

- Necesito hablar con él. - dijo Donovan

- Andreas cada noche duerme en un sitio diferente, su cabeza es muy codiciada por muchos de los que frecuentan este lugar, es un pirata noble pero también peligroso. ¿Ya sabéis como las gastan los piratas no?

- Bueno, digamos que algo sí. - dijo James mirándome de reojo, yo apenas podía entender la conversación.

- Solo os daré alguna información si realmente me confesáis qué queréis de Bergen. - dijo la mujer seriamente a Donovan.

- ¿Cómo se llama usted?

- Mirna.

- Querida Mirna, en estos momentos comparte usted esta mesa con la princesa Hanne de Dinamarca y James Donovan ¿le es suficiente respuesta?

- ¿La hija de Erik tercero?

- Sí.

- ¿Y tu eres el famoso James Donovan del que me ha hablado pestes Andreas todos estos años? - dijo Mirna algo molesta.

- Sí Mirna, quizás Bergen me corte la cabeza y se la eche a los cangrejos para que se den un festín, pero debo hablar urgentemente con él. La corona danesa necesita pedirle un favor y si es necesaria mi cabeza por ello, lo haré.

- Está bien, pero debo consultarlo. Esta noche la pasareis aquí, no podéis estar dando vueltas por estas calles y menos con esta bella dama. Estáis en peligro si corre la voz de vuestra presencia en la ciudad.

- Gracias Mirna te estamos agradecidos.

Mirna atendió a uno de los soldados de la guardia que estaba herido en el hombro con unas gasas y aceites. Por su manera de curar a aquel hombre se podía apreciar que no era la primera vez que atendía a alguien con heridas de arma blanca.

Dormíamos encima de unas mantas en aquel viscoso suelo mojado por el vino de los clientes de la noche anterior. Donovan estaba a mi lado, me cruzaba con su mano el vientre, como si yo fuera el sueño del que nunca quisiera despertar. Me costaba dormir y apenas quedaban horas para que saliera el sol. Me acordaba de Druna, de Dagmar, de mi cada vez más distante hermano Argus y de las gentes de Skagen, no sabía que podía estar sucediendo en aquellos momentos en mi país. Pensé en todo lo que podría suponer si Andreas Bergen se negaba a la petición de Donovan. Seguramente mi padre el rey Erik nunca se lo perdonaría y hasta incluso dudaba en todo momento de la palabra de mi padre en referencia a la petición de Donovan para concederle mi mano. No confiaba en el oscuro corazón de mi padre, quizás solo fue una maquiavélica estrategia para asegurarse la llegada de esos barcos, pero debía confiar en el honor de un rey y eso esperaba de él.

- Te mueves más que mi primer viejo galeón español Hanne ¿Qué te sucede? - dijo James medio despierto.

- No puedo dormir.

- ¿Miedo?

- Sí, miedo a que mi padre no cumpla con su palabra y miedo a que no llevemos a Skagen esos barcos para vencer ese absurdo conflicto.

- ¿Crees que tu padre no cumplirá su palabra conmigo verdad?

- ...No James. dije estrechando mi cuerpo con el suyo.

- Debemos confiar que todo saldrá bien Hanne, pero yo también creo que tu padre no fue sincero en el pacto que hicimos. Esto lo hago por ti.

En ese mismo instante en el portón de la entrada se escucharon cinco golpes tal y como la mujer nos había acordado como contraseña a su vuelta al amanecer. Uno de los soldados de la guardia se apresuró a abrir la puerta para dejar paso a la mujer que venía vestida con un largo vestido oscuro con capa.

- Te espera Bergen en uno de sus barcos en la parte sur del muelle, pero solo debes ir tú con la princesa Hanne, no quiere que vayas con tus hombres. Un carruaje os está esperando a dos calles de aquí, ¡rápido! no perdáis el tiempo, debe zarpar rumbo hacia el este en breve para recoger una mercancía y solo demora su partida por vuestra visita.

- Gracias Mirna. dijo Donovan mientras se apresuraba a ponerse las botas.

Salimos corriendo con las primeras luces del día en dirección donde se encontraba el carruaje. Allí nos estaba esperando un cochero que fue muy parco en palabras cuando nos vio llegar. Nos dirigió hacia el muelle a gran velocidad por las inhóspitas calles de Goteburgo. Yo no dejaba de observar aquellas calles, me recordaban a muchas pinturas que había visto de Copenhague en los cuadros de palacio. Cerré los ojos y asomé mi cabeza a través de la ventana del carruaje para sentir el olor del mar que teníamos tan cerca, de esa forma se despertaban mis sentidos como todas las mañanas en la playa de Skagen. James me observaba, sabía que para mí todo aquello era una experiencia dura y difícil, pero a la vez lo más mágico que sentía por primera vez en mi vida, era la sagrada sensación que los dioses habían otorgado a los hombres y mujeres de la tierra...el poder del amor.

Llegamos al inmenso galeón subiendo por las largas escalerillas que daban a bordo del barco. Nos estaban esperando varios piratas que nada más subir a bordo nos cachearon buscando alguna arma. A Donovan lo miraban con total desprecio, incluso uno le escupió en la cara. El resto de la tripulación en aquellos momentos de la mañana aún dormía, pero en el camarote principal, nos esperaba el rival más directo de Donovan.

Nos condujo uno de sus hombres hasta el interior del galeón escaleras abajo, en un estrecho laberinto de compartimentos repletos de hombres que dormían. Llegamos hasta la puerta del camarote de Bergen que permanecía cerrada con llave por su seguridad, aquel hombre de aspecto serio sacó una llave de sus pantalones y nos invitó a pasar con cierta desgana. A Bergen lo encontramos sentado en una mesa repleta de mapas de espaldas a nosotros, contemplando desde el ventanal la ciudad de Goteburgo.

- Sabía de tu destreza, pero no de tu atrevimiento para querer venir hasta aquí querido James Donovan el Irlandés. - dijo Bergen sin darse la vuelta, permanecía inmóvil como una estatua fantasmagórica.

- Gracias por aceptar mi petición de hablar contigo camarada, sé que el tiempo te apremia en tu camino hacia el este pero... debo pedirte un favor.

- ¿Un favor? Jajajajaa James, ¿crees que yo te voy a ayudar camarada, cuando me has hecho sentir la mayor humillación que un padre pueda sentir?

- Cuidé a tu hijo como lo habría hecho por el mío Bergen, era un excelente marinero, me atrevo a decir que era más sobresaliente que el mejor de mis hombres. Yo fui quien le indujo a dejar la piratería.

Andreas empezó a suspirar con un leve llanto, permanecía allí inmóvil dándonos la espalda.

- Él siempre me hablaba de ti, de tu forma de navegar, de cómo abordabas en alta mar...sentía admiración por su padre, nunca te olvidó...nunca - Volvió a confesar Donovan.

El silencio se apoderó de aquel camarote, se respiraba el dolor de un padre teñido en tristeza por el recuerdo oscuro de la muerte de su hijo en sus propias manos.

- Luchó como un héroe ante mí James. dijo totalmente roto de tristeza.

- Lo imagino camarada.

- ¿En qué puede ayudarte este padre miserable James?...lo tengo todo y no tengo nada. - Preguntó con voz abatida.

- Necesito que ayudes a la corona danesa en su batalla en el norte de Skagen contra la invasión británica. Yo ya no tengo embarcaciones, ni pertenezco a ninguna bandera, simplemente he venido con la princesa Hanne de Dinamarca para pedirte este favor por todo lo que hice por el que fue mi mejor marino...tu hijo, entendiendo el dolor que inunda tu corazón en estos momentos, aceptaré tu negativa si ello alivia tu existencia camarada. - dijo Donovan mirándome mientras esperábamos la respuesta del inmóvil Bergen.

Se dio la vuelta lentamente. Pudimos apreciar el rostro de un hombre inundado por la tristeza. Sus grandes ojeras y la poca luz que desprendían sus apagados ojos, denotaban la gran carga de conciencia que arrastraba a sus espaldas por quitar la vida a su propio hijo. Lloraba como un niño. Era buen admirador de Napoleón, por ello su mano derecha la mantenía oculta a la altura del corazón como el conquistador francés. Vestía unas ropas oscuras impecables sin arruga alguna, curioso por ser un pirata, la mayoría eran sucios y mal olientes. Debía ser una persona muy estricta por su conducta, ello condujo a que la relación con su hijo en alta mar se rompiera en pedazos.

- Princesa Hanne le concedo mis respetos ¿Habla mi idioma? - dijo Andreas dándole una reverencia.

- Muy poco pero lo intentaré.

- Bien, ¿Que sucederá si no le concedo mi ayuda a Donovan?

- Morirán cientos de niños, mujeres y hombres inocentes de Dinamarca para ver como su rey Erik escapa por mar acompañado por su séquito de cuervos carroñeros a Noruega.

- Y... ¿si le presto mi ayuda? - Pregunto mirándonos de reojo a los dos cavilando en sus adentros.

- Salvaría a Dinamarca del conflicto en el norte del país, de esa forma los ingleses abandonarían nuestro reino. Además mi padre le prometió a Donovan concederle mi mano si conseguía vuestra ayuda.

Andreas miró a Donovan seriamente de arriba a abajo sorprendido y después volvió su mirada hacia mí. - Princesa ¿amáis a este hombre?

- Es lo que Odín ha puesto en mi camino para dar sentido a mi vida, lo amo... - Cogí la mano a Donovan, lo miré, parecía contener su emoción por mis palabras.

Andreas Bergen suspiró mirando al suelo con su mano izquierda en la barbilla y la otra en el pecho. Andó haciendo círculos en silencio en el camarote como si en sus adentros tuviera una discusión consigo mismo. Donovan y yo nos mirábamos preocupados. Tras una larga espera se paró en seco ante nosotros y tendió su mano a Donovan.

- Estuve equivocado todos estos años en referencia a tu persona Donovan, aquí te da las gracias un padre arrepentido y agradecido por lo que hiciste por su hijo, sé que aunque te preste mil barcos, nunca podré pagarte lo que hiciste por mi hijo, lo convertiste en algo que yo fui incapaz...hiciste de él un hombre de mar...... os ayudaré. Hoy mismo partiremos con todos mis barcos.

Me abalancé hacia Andreas para darle un fuerte abrazo. Él se sorprendió por mi gesto, no era el comportamiento que debía tener una princesa, pero actuó de igual forma despojando su emoción contenida ante mí con un fuerte abrazo entre lágrimas. Descubrí poco a poco en esos días tan intensos que en el fondo la mala fama de los piratas era pura charlatanería, veía sentimientos más puros en ese tipo de hombres curtidos en la escuela de la vida que en los altos mandos militares que conocía en mi país.

- He de reconocer que nunca había abrazado a una princesa. dijo con emoción Bergen.

Volvimos apresuradamente con varios hombres de Andreas hacia la taberna de El Pez Dorado para recoger a nuestros hombres. Allí permanecían a la espera junto con la mujer que nos dio cobijo en la taberna. Sus rostros se iluminaron tras recibir nuestras buenas noticias.

Dejamos la taberna para salir estrepitosamente con dos carruajes de nuevo hacia el muelle donde los catorce barcos de Bergen preparaban la partida a Dinamarca.

- ¿Cómo te sientes Hanne? - dijo Donovan estre-chando mi mano sentado a mi lado.

- Feliz, espero que lleguemos a tiempo.

- Llegaremos Hanne te lo prometo. - Tras sus palabras me besó en los labios en un largo abrazo.

- James... - dije buscando su mirada.

- ¿Qué?

- Nunca imaginé que alguien haría algo así por mi país, ni por mí.

- Volvería a hacerlo si volviera a nacer y volvería a despertar en aquella playa Hanne, te doy mi palabra.

En aquellos momentos el carruaje pasaba junto a la catedral de Goteburgo en una calle llamada Kyrkogatan que aún mi mente recuerda...y recordará.

- ¡Pare cochero! - Grité ante la mirada atónita de los que me acompañaban en el habitáculo de la carroza.

Los caballos pararon bruscamente ante la puerta de la catedral. Bajé rápidamente de la carroza para salir corriendo hacia su interior. Me adentré por las inmensas puertas que permanecían abiertas a la gentes aquella mañana. James y sus dos hombres corrieron detrás de mí sin entender nada. Me fascinaba observar aquel majestuoso lugar desde su interior, cerré los ojos y respiré el silencio espiritual que me otorgaba por unos instantes la catedral.

Donovan llegó sorprendido con las manos en su cintura con una mueca de sorpresa.

- Pero Hanne, nos esperan los barcos, no tenemos tiempo. dijo mientras me observaba allí de pie con mis brazos en cruz inmobil. Le gustaba observar mi comportamiento poco convencional. Se sentó en uno de los bancos con la cabeza apoyada en sus dos brazos y sus pies colgando en el banco delantero.

- ¡James casémonos! - Comenté volviéndome hacia él seriamente.

- ¿Qué? ¿Ahora? - dijo James asombrado.

- ¡Sí ahora! Dudo de la palabra de mi padre el rey. ! ¡Quiero casarme ahora y aquí!

Donovan no lo pensó dos veces y salió en busca con sus hombres de algún pastor que pudiera ofrecernos una ceremonia rápida. Volvió con un hombre anciano a medio vestir que parecía ser el pastor de la catedral. Venía totalmente fuera de sí ante la apresurada ceremonia encomendada. Posiblemente sabía ya de quien se trataba por la mirada temerosa hacia Donovan y con quien contraería matrimonio.

Subimos al altar entre risas y bromas que Donovan hacia sobre nuestras vestimentas, el tiempo cada vez nos apremiaba más pero el momento era mágico. Solo había tres personas en aquella inmensa catedral. El silencio sepulcral que nos rodeaba y el olor de la cera quemada de las velas siempre me harán recordar aquel instante.

- Sea lo más breve posible por favor, debemos partir hacia Dinamarca. - dijo Donovan conteniendo la risa.

Aquel anciano pastor ofreció el acto de la forma más breve que pudo en aquel inmenso altar que presidia la ceremonia. Llegado el final del discurso de la ceremonia nupcial, se dispuso a pronunciar las palabras que sellaban mi amor eterno con... el hombre que vino de las olas.

- James Donovan aceptáis a Hanne Heffner como legítima esposa en la vida y en la muerte y hasta que la muerte os separe.

- Acepto. - dijo Donovan observando mi sonrisa.

- Hanne Heffner aceptáis como legítimo esposo a James Donovan en la vida y en la muerte y hasta que la muerte os separe.

- Siempre le aceptaré. - dijo Hanne con lágrimas de emoción.

- Os declaro marido y mujer. dijo el pastor mientras observaba como los hombres de Donovan venían con flores para Hanne.

Abracé a James con la alegría más inmensa que jamás había sentido en mi vida. Él me cogió como a una niña entre sus brazos y salimos corriendo hacia el carruaje que nos esperaba en la puerta de la catedral ante la mirada abstraída de lo acontecido allí por aquel anciano pastor del que seguro nadie creería cuando contara a quien había casado aquel día.

El carruaje para mi sorpresa lo encontramos adornado con adornos improvisados que habían puesto mis soldados de la guardia. Pusieron flores rojas entre unas largas sábanas blancas a los costados que nunca supe de donde sacaron. La emoción me invadía por el bonito gesto de los hombres Donovan y de la guardia.

Volvimos a reemprender velozmente nuestro camino al muelle cuando a pocas calles más adelante en nuestro camino de pronto volví a gritar al cochero enérgica-mente.

- ¡Pare cochero!

A pocos metros de nosotros en el arcén estaban los dos niños que encontramos la noche anterior durmiendo bajo el carro abandonado. Estaban sentados en el borde de la calle comiendo unas manzanas medio podridas. Alzaron su mano de forma cariñosa en forma de saludo.

- James que suban con nosotros, nos los llevamos a Dinamarca. - Comenté sin pensarlo dos veces.

Donovan bajó del carruaje y charló brevemente con aquellos niños que vieron como la vida les daba una oportunidad en Dinamarca. Las monedas de oro que les ofrecimos la noche anterior, se las robaron unos maleantes mientras intentaban comprar algo de comer. El más pequeño se puso en mis faldas sin que se despegara de mí en ningún momento del largo viaje a Skagen. Sus nombres son Marcus e Ingmar.

Capítulo 19

Catorce barcos partieron del puerto de Goteburgo con destino a Skagen en aquella campaña esperanzadora de ayuda a Dinamarca. Nuestro barco era el mismo en el que Andreas Bergen se encontraba. Donovan se encerró varias horas en su camarote para revivir viejas vivencias que cada uno de ellos había vivido en la mar durante aquellos años e intentando planificar la estratégica defensa de Skagen ante los ingleses.

Mi corazón latía con fuerza, por fin entendí con claridad todo lo que Druna me había profetizado con la tirada de las runas en aquellos días pasados. Solo quedaba ganar esa batalla y liberar a mi país de la amenaza inglesa. No sabía ni tenía noticias de como encontraríamos

Skagen, quizás ya era demasiado tarde, pero debíamos intentarlo.

Marcus y el pequeño Ingmar no se separaban de mí en ningún momento. He de confesar que desde que aquellos niños subieron a nuestra carroza, asumí la responsabilidad de llevar sus vidas hacia una prosperidad que quizás en Suecia, nunca lograrían encontrar.

Después de que todos cenaran y cayera la noche en alta mar, subí a contemplar la inmensa luna llena que presidía los cielos allí observándonos en medio de aquel mar calmado. Su luz se reflejaba con un intenso destello blanco en el agua, como una infinita cortina flotante que cruzaba el océano hasta mí. Apenas corría el viento. Los demás barcos navegaban detrás del nuestro siguiendo la estela de los pasos que nos llevaban a mi patria...Dinamarca.

Donovan se quedó durmiendo al pequeño Ingmar, se le daba bien el trato con los niños, supuse que en ellos veía reflejada su difícil infancia en Irlanda.

El sonido de las olas que chocaban contra el casco del galeón apenas ya me daba miedo, era algo que empezaba a superar, la felicidad viajaba a bordo conmigo, por fin la esperanza de Dinamarca surcaba los mares en catorce barcos decididos a cambiar el futuro.

A lo lejos mirando al cielo en la noche aprecié un leve punto oscuro aproximándose hacia nosotros, parecía algo que me era familiar pero no estaba segura. Por unos momentos mi inquietud se acrecentaba al ver aquella figura de aspecto fantasmal que bajaba desde lo alto en dirección hacia nuestro barco a gran velocidad. Me eché hacia atrás con la cabeza alzada observando aquello y sintiendo como el miedo en mi interior me atenazaba. Cada vez estaba más cerca, parecía una ave extraña que volaba en picado hacia mí. Mi garganta deseaba gritar a Donovan pidiendo ayuda pero mi intuición quería esperar a que mis ojos vieran aquello que venía hacia nosotros... hasta que por fin lo vi posarse sobre la barandilla del galeón.

Enmudecí de emoción al ver ante mis ojos la lechuza blanca de Druna, la misma que presidía en su comedor, sentí que su presencia allí, era el augurio de su muerte, Druna había muerto en aquel instante, su alma vino a despedirse de mí, antes de dejar el mundo de los vivos. Mis lágrimas brotaban ante la mirada de la lechuza que me contemplaba misteriosamente con aquellos ojos oscuros.

- Druna, querida amiga, siempre te llevaré en mi corazón, descansa en paz y vuela tranquila hacia los regazos de Odín...nunca te olvidaré...nunca...gracias por todo Druna...

Pronuncié aquellas palabras de despedida arrodillada en la mojada madera del galeón, siendo observada por la misteriosa lechuza que movía su pequeña cabeza mientras me escuchaba. Al finalizar mi despedida emitió un leve sonido y volvió a retomar su camino elevándose para perderse en los oscuros cielos de la noche, hasta que la perdí totalmente de vista. Solo hablé con Donovan de aquel encuentro en toda mi vida...Nunca la olvidaré...

La batalla en las costas de Skagen había dado comienzo horas antes. Los cinco barcos de la corona inglesa más el barco capitaneado por Rooney desembarcaba con todos sus efectivos en las playas de Skagen para luchar por la conquista del norte del país. La superioridad inglesa encarnizó una cruel batalla en la que la débil resistencia danesa perdía a sus hombres con suma facilidad. El capitán Argus intentaba mantener a duras penas bajo el fuego de sus cañones la avanzadilla británica que había aniquilado rápidamente a más de ochenta hombres en aquellas playas. Los barcos británicos disparaban con sus cañones a las débiles defensas de las que disponíamos. El rey Erik encerrado en su palacio junto a su séquito de mandos militares, mandó a ancianos y niños a defender las posiciones costeras, bajo las protestas de las gentes del norte que veían como su rey enviaba a una muerte segura a sus hijos y maridos. Era una situación desoladora. El barco que debía llevar a Noruega al rey fue hundido en alta mar antes de llegar a las costas por una intensa ristra de cañonadas de un bergantín que vigilaba su llegada.

El galeón que encontramos en nuestro camino a Suecia se sumó a nosotros a la altura del islote de Krauss. Eran los quince barcos que Donovan había prometido a mi padre.

Navegábamos a toda vela mientras amanecía, cuando empezó a sonar una estridente campanilla en el barco. Acudimos todos a cubierta para escuchar como llegaban los estruendos de los cañones ingleses que bombardeaban la línea de defensa danesa en la playa. El capitán Andreas miraba con el catalejo desde el timon del galeón junto a Donovan. Parecía comentarle algo, preocupado por lo que pude apreciar. El pequeño Ingmar vino apresurado a mis faldas por el miedo que le producían aquellos estruendos lejanos a su corta edad. Me acerqué hacia Donovan apresuradamente cogiendo al pequeño en mis brazos.

- James ¿están atacando? - dije con preocupación.

- Sí Hanne, estamos navegando a todo lo que el viento nos puede dar ..hoy es el día Hanne. - dijo Donovan preocupado por primera vez desde que lo conocí.

- ¿Qué sucede James?

- Andreas teme que no lleguemos a tiempo para salvar el palacio. Ocho de nuestros barcos interceptaran a los barcos que están anclados en la costa cañoneando las posiciones danesas y los otros siete desembarcaremos para combatirles por tierra..

- ¡No vayas James! Tengo miedo. - dije con el miedo instalado en mi corazón.

- Tengo que ir Hanne, te lo prometí...

A medida que nos íbamos acercando a las costas de Dinamarca los sonidos de los cañones eran más cercanos. Dos de los galeones de Andreas Bergen giraron su trayectoria para disparar en la lejanía a los barcos británicos anclados a pocas millas de la costa. Estaban muy lejos para ser abatidos pero era una forma de advertencia de que las cosas se les iban a complicar en breve.

A bordo de nuestro barco el movimiento era frenético en un vaivén de piratas mercenarios armándose hasta los dientes para la lucha en las playas. Preparaban las barcas de desembarco dejándolas caer al agua estrepitosamente con largas cuerdas. Me encerré en el camarote de Andreas Bergen que muy gentilmente me ofreció para que estuviera resguardada en aquella batalla junto a los dos pequeños para nuestra seguridad. Desde el ventanal veía como de los galeones de Andreas se dirigían muchas barcazas repletas de mercenarios en dirección de la playa, para ayudar a nuestros soldados daneses. Empezaba a sentir miedo. No sabía como estaría Argus ni las gentes de palacio, no sabía nada de nadie. No pensaba en mi padre el rey, el cual imaginaba recluido con toda su guardia rezando a los dioses por un milagro para sobrevivir de aquella invasión. Tras nuestra llegada los barcos ingleses empezaron a intercambiar cañonazos con los de Andreas. Por lo que vi, el barco de Rooney fue alcanzado con éxito. Marcus al verlo saltó de alegría como si de un juego de niños se tratara. El pequeño Ingmar permanecía dormido sobre la cama ausente de aquel triste evento bélico.

Picaron a la puerta un par de veces, ello hizo que se despertara Ingmar de un salto quedándose sentado en la cama. Marcus corrió para abrirla y entró Donovan con la luz de su sonrisa, la que siempre curaba mis males. Acarició la cabeza de Marcus y se acercó hasta el ventanal donde yo me encontraba. Me abrazó fuertemente sin articular ninguna palabra. Seguidamente posó su cara frente a la mía.

- ¿Me esperarás para cenar?

- Ya os vais...

- Sí, Hanne...

- James Donovan...

- Hanne...

- Bésame como si fuera la última vez que ves a esta princesa rebelde de Dinamarca, como si estuvieras muriéndote en aquellas aguas cuando te conocí, como si yo fuera la noche y tú las estrellas... bésame...soy tu esposa...James Donovan. - dije partiendo a llorar mientras él me besaba.

Nuestros cuerpos se separaron lentamente, era incapaz de articular una palabra, estaba rota. Donovan seguidamente abrazó al pequeño Marcus y a Ingmar. Ya en el umbral de la puerta volvió a girarse para contemplarme.

- Si las cosas se ponen mal...vuelve a por mí Hanne. - dijo James apreciando por primera vez tristeza en sus ojos.

- Siempre acudiré a por ti...siempre...

Se cerró aquella puerta y mis párpados se cerraron.

Capítulo 20

El ejército danés que a duras penas defendía las costas de Skagen, se vio fortalecido tras el desembarco de los hombres de Andreas Bergen, fue una ingrata sorpresa que los británicos no esperaban. La batalla se volvió aún más encarnizada. Se veía a cientos de hombres luchar en aquella costa como bancos de lobos enloquecidos por arrancar el corazón de sus presas. Caían muertos de un bando y del otro como árboles arrancados de la tierra en arenas teñidas en sangre. Los agonizantes chillidos de los combatientes por las heridas mortales de aquellas afiladas espadas, originaban una escalofriante sinfonía humana que ahuyentaba incluso hasta los demonios del lugar.

Los navíos ingleses dejaron de bombardear con sus potentes cañones desde el mar hacia la línea defensiva de la playa, estaban inmersos en proteger sus propios barcos ante los constantes ataques de la flota de Bergen que incesantemente iban hundiendo cada uno de ellos sin piedad. Tan solo seguían en pie dos barcos ingleses de los seis que anclaron aquellas costas. Por otra banda Bergen había perdido cuatro de sus valiosos galeones.

Donovan llegó a la playa junto con sus dos hombres y los cuatro soldados de la guardia formando un equipo casi invencible. Luchaban en círculo de forma magistral abatiendo con suma facilidad a los inexpertos marineros británicos que caían como títeres inertes en la arena.

Proseguía la batalla y la preocupación en los soldados británicos era evidente cuando contemplaban desde la orilla como de sus seis barcos tan solo les quedaba uno para volver.

Ante Donovan, en medio de aquella batalla, apareció el viejo Rooney junto a varios de sus desalmados hombres con ansias de ajustar cuentas. Se iban a enfrentar a quince piratas que les rodeaban sin piedad muy cerca de la casa del montículo. El chasquido de las espadas en aquellos combates se colaba como un intruso asesino en lo más profundo de la mente del combatiente, imaginando como podría ser la sensación de ser atravesado por ese acero reluciente y maligno que el oponente poseía. Dos de los soldados de la guardia murieron en manos de aquellos piratas y tan solo cinco hombres seguían haciendo frente a los ocho que restaban del grupo de Rooney.

- ¿Dónde has dejado a tu putita James? - dijo Rooney empuñando su espada hacia Donovan.

- Maldito Rooney mira hacia la mar...tu barco ya está en las profundidades esperándote, en él dormirás esta noche. dijo James volviendo a la lucha.

El intercambio de golpes de las espadas era vertiginoso, Rooney era viejo pero era muy lustro en el arte del combate cuerpo a cuerpo. Un resbalón en la arena de Donovan, facilitó a Rooney el poder clavarle su espada de refilón en uno de sus muslos, creándole una gran herida sangrante. De sus labios salió un gran grito agudo de dolor. Se levantó con dificultad intentando proseguir con aquel duelo de espadas, combatían a vida o muerte. En uno de los forcejeos desde el suelo, Donovan hundió su espada en el vientre de Rooney haciéndolo caer instantáneamente en la orilla. Se revolcaba de dolor entre las olas que lo cubrían formando un manto rojo de sangre que se mezclaba con la espuma del agua de la mar. Le pidió a Donovan que lo rematara para no sufrir aquella breve condena de suplicio. Accedió a su petición sin articular palabra alguna y le volvió a clavar la espada sin piedad para terminar con su vida.

Los soldados ingleses cada vez eran menos en combate, ya solo eran un grupo indefenso y sin opción alguna de escapar de aquella playa en la que se vieron sorprendidos por el desembarco de Donovan y los hombres de Bergen. Algunos optaban por la rendición tirando sus armas a la arena y arrodillándose ante sus adversarios pidiendo clemencia por sus vidas. Hasta incluso huían despavoridos lanzándose al agua hacia el único barco que les quedaba a flote, para más tarde acabar ahogados en el intento por las bajas temperaturas del mar.

James Donovan caminaba cojeando entre los muertos esparcidos que encontraba en su paso por la playa, ya solo contaba con dos hombres a su lado en lo que quedaba de batalla, a su paso se sumó Andreas Bergen que iba herido gravemente de un brazo, le acompañaba un grandísimo número de sus merce-narios que había arrasado con todos los marineros ingleses que se encontraron en su camino.

- Querido James ya no tenemos edad para estas cosas, veo que también te han herido camarada. - dijo Andreas colocándose una venda que uno de sus hombres le ofreció.

- Sí mi querido amigo, el viejo Rooney me ha dejado su gratitud en esta pierna antes de irse a los infiernos. dijo Donovan con síntomas de dolor.

A lo lejos observaron como la línea defensiva de los hombres de Argus aniquilaba a los únicos británicos que quedaban en la playa. Los ingleses ofrecían una gran resistencia a los daneses en aquel punto, pero el gran número de hombres de Bergen que iba con nosotros hacia allí, les vaticinaba una derrota segura.

El capitán Argus luchaba valientemente junto a los pocos hombres que quedaron vivos tras los impactos de los cañones. Veían con esperanza como a su alrededor todo el clan de mercenarios de Bergen se sumaba a la batalla borrando del mapa a todo británico que se ponía ante ellos. A lo lejos en alta mar otro gran estruendo ofrecía la victoriosa imagen del último de los barcos ingleses hundiéndose estrepitosamente. Los gritos de alegría de los soldados daneses hundía aún más el ánimo de los invasores ingleses.

Donovan luchaba ante los pocos británicos que ofrecían resistencia en la costa. Combatía frente a un joven marinero inglés que se plantó en su camino, no debía tener más de quince años por su aspecto. El muchacho cayó rápidamente al suelo tras perder el equilibrio, su espada salió despedida de su mano tras el golpe que recibió. Quedó tumbado boca arriba totalmente indefenso. Donovan puso su espada en el cuello del muchacho para inmovilizarlo. El joven lo miraba con lágrimas en los ojos.

- ¡Máteme! No quiero sufrir señor. - dijo el muchacho sacando del bolsillo del uniforme un pequeño pergamino con lo que sería el dibujo de una mujer.

- ¿Quién es esa mujer muchacho? - dijo Donovan sin dejar la espada de su cuello.

- Es mi madre señor. dijo llevándose aquel dibujo a sus labios.

- ¡Levántate anda! dijo Donovan mirando a su alrededor con precaución de no ser embestido por algún soldado.

El muchacho se levantó temblando sin despegar el trozo de pergamino de sus manos.

- Ves esa casa del montículo de allí. - dijo Donovan señalándole al otro extremo de la playa. - Escóndete tras ella y cuando todo esto haya terminado búscame, soy James Donovan, te prometo que podrás volver a ver a tu madre.

El muchacho salió corriendo como alma que lleva el diablo esquivando peleas en su camino hacia la lejana casa del montículo. Donovan prosiguió junto con los hombres de Bergen luchando con los pocos hombres que quedaban en pie. Desgraciadamente muy cerca suyo, Andreas Bergen perecía agonizante en la arena, tras ser apuñalado por la espalda por un soldado mientras combatía contra un alto mando inglés.

La batalla llegó a su fin tras los últimos enfrentamientos que oponían resistencia en el camino hacia el palacio de Ejnar. Los mercenarios de Bergen arrasaron fácilmente a aquellos invasores ingleses que lucharon aun sabiendo que no podrían sobrevivir. Fueron un bálsamo para la victoria de Dinamarca.

Los supervivientes atendían a los heridos en la playa para llevarlos en carrozas a palacio. Muchas mujeres venían voluntariamente de Ejnar para socorrer y dar auxilio a todo soldado herido.

La playa era un extenso manto dantesco de hombres muertos, en su mayoría estaban mutilados o degollados como animales. Las gaviotas y los cuervos hicieron presencia revoloteando por allí para picotear aquellos cuerpos ensangrentados y para arrancar los ojos de los caídos en combate.

Los soldados se amontonaron en la orilla de la playa para lavarse de la sangres de sus oponentes y limpiar sus armas con el agua del mar. Algunos se tumbaban exhaustos de cansancio a descansar de aquella horrible batalla, despojándose de todas sus armaduras y armas que llevaban consigo.

Los daneses abrazaban a cada uno de ellos como si fueran sus propios hermanos que habían venido para ayudar a Dinamarca. Se les oía cantar canciones victoriosas, alzando al cielo alguna cabeza mutilada de alguno de aquellos ingleses en símbolo de victoria.

Donovan caminaba por la orilla con suma dificultad por la sangre que perdía en el muslo. A su paso los soldados de Bergen lo miraban con indiferencia sabiendo que Andreas murió por ayudarlo en aquella campaña.

Se sentía muy fatigado, la debilidad se apoderaba de él en cada paso, caminó buscando la soledad de aquella playa hasta llegar muy cerca del lugar donde apareció aquella mañana donde le habìa recatado Hanne. Tiró su espada al suelo y el pequeño puñal que guardaba de Hanne, cerró sus ojos y cogió aire. Los volvió a abrir, contemplando a lo lejos el lejano galeón donde Hanne permanecía esperándole.

- Lo hemos conseguido Hanne. - Susurro para sí mismo recuperando fuerzas y tragando saliva con debilidad.

A pocos metros de él, se escuchó una voz que le resultó conocida. Era Dagmar el amigo íntimo de Hanne.

- ¡James! ¡Les hemos vencido camarada! Ha sido un milagro. - dijo Dagmar totalmente feliz.

- ¿Sois el hombre que estaba en la celda junto a la nuestra en el Palacio? - dijo Donovan mostrando algo de dolor en su muslo.

- Sí el mismo, me une una gran amistad con la princesa Hanne desde la infancia. dijo Dagmar volviendo a su vieja costumbre de rascarse la cabeza. Esta vez era para rascarse un pronunciado golpe en la frente que debió recibir durante el combate.

- ¿Cómo estás? - dijo Donovan muy débil.

- Bien, casi me matan esos ingleses con sus cañones, pero gracias a vuestra ayuda Dinamarca vuelve a ser libre. ¿Veo que estás herido? - dijo Dagmar observando su muslo totalmente ensangrentado.

- Sí, he perdido bastante sangre, pero me recuperaré. dijo Donovan tocándose el muslo.

- ¿Dónde está Hanne?

- Ves aquel galeón lejano, allí está ella esperándonos, pronto la veras. - dijo Donovan volviendo su vista al barco.

- James...debes saber que su hermano Argus ha muerto en la batalla.

- También ha caído Andreas Bergen, la persona que ha traído todos estos barcos desde Suecia para ayudaros, amigo Dagmar esa es la cara más cruel de las batallas. Rezaremos por ellos. - dijo Donovan pensando en Hanne.

En ese preciso instante Donovan sintió un punzante e intenso dolor en su espalda que le obligó dolorosamente a girarse débilmente para ver de donde provenía. Ante él estaba el joven muchacho inglés al que salvó la vida en plena batalla con la cara pálida y asustada empuñando en sus manos un puñal ensangrentado con la propia sangre de Donovan.

Donovan cayó de rodillas al suelo sin articular palabra, totalmente pálido y sintiendo como la vida se le escapaba de las manos. A su lado un gran charco de sangre se filtraba en lo más profundo de la arena en la orilla.

- ¡Maldito bastardo irlandés, mi patria a perdido esta batalla por tu culpa! La corona te pagó para ello. - dijo el muchacho con el odio instalado en su rostro.

Dagmar como si hubiese sido espectador de un encuentro espectral por lo acontecido ante sus ojos, sacó su espada aún manchada de sangre, para sacudirla sobre el cuello del muchacho con total destreza. De forma fulminante decapitó su cabeza, haciendo que cayera rodando por la orilla de la playa como una roca ensangrentada con los ojos abiertos.

- ¡James! Agárrate a mi hombro te llevaré a palacio en una carroza, puedes morir aquí desangrado amigo ¡vámonos!. - dijo Dagmar totalmente desesperado taponando con su mano la herida chorreante de la espalda.

Donovan se apartó de él para adentrarse entre las olas caminando mar adentro con suma debilidad. Le hizo un gesto bruscamente con sus manos para que Dagmar no se lo impidiera. El danés sabía que aquel irlandés iba a morir allí mismo, por ello permaneció de pie observando como se alejaba dificultosamente por su propia decisión para perderse en el lugar desde donde vino.

El agua le llegaba al estómago, se adentraba cada vez más en lo profundo de las frías aguas de Skagen. Su pensamiento confuso y delirante ante su propia muerte, era llegar al galeón de Hanne para verla por última vez. Gritó agónicamente el nombre de Hanne varias veces,...ante la tristeza de Dagmar que fue testigo en todo momento de aquel final. Acabó instantáneamente perdiéndose en el vientre de aquel mar salvaje, sin dejar rastro de su cuerpo...

Dagmar miraba a todas partes del horizonte buscando su cuerpo, hasta que decidió lanzarse a las aguas para intentar recuperarlo, pero jamás se encontró...

Capítulo 21

Como todos los días de mi vida acudo a caminar por la orilla de esta playa salvaje e inhóspita del mar del Norte que desde mi niñez visito diariamente.

Me llamo Hanne, vivo en una pequeña y humilde casa en el montículo de esta playa desde hace muchos años. Vivo en el norte de Europa, en Skagen, pequeña población al norte de Dinamarca donde gobierna la querida reina Hanne II tras la muerte del rey Erik III hace muchos años atrás.

Vivo junto a mis dos hijos Marcus e Ingmar. Ellos cuidan de mi difícil estado salud, son mi mayor tesoro.

Hoy como siempre me he sentado a contemplar este gris paisaje que la naturaleza pone ante mí, lo conozco como la palma de mi mano, pero apenas lo aprecio con claridad, porque mis ojos padecen una leve ceguera incurable.

Hoy vuelvo a cerrarlos otra vez como de costumbre ante ti.... para ver, sentir, escuchar, oler y volver a un tiempo atrás, cuando todo era diferente... cuando paseaba con mi madre por este lugar... cuando mis piernas no me fallaban... cuando la vida se respiraba de otra forma... cuando era una princesa rebelde... cuando mi corazón estaba vivo por el....

Los vuelvo a abrir y veo la anciana que soy ahora ante ti... inmenso coloso azul... rezando para que me lleves otra vez junto a él....junto...

Al hombre que vino de las Olas

www.ingramcontent.com/pod-product-compliance
Lightning Source LLC
Chambersburg PA
CBHW052032090426
42739CB00010B/1875

* 9 7 8 8 4 9 4 2 1 1 7 3 7 *